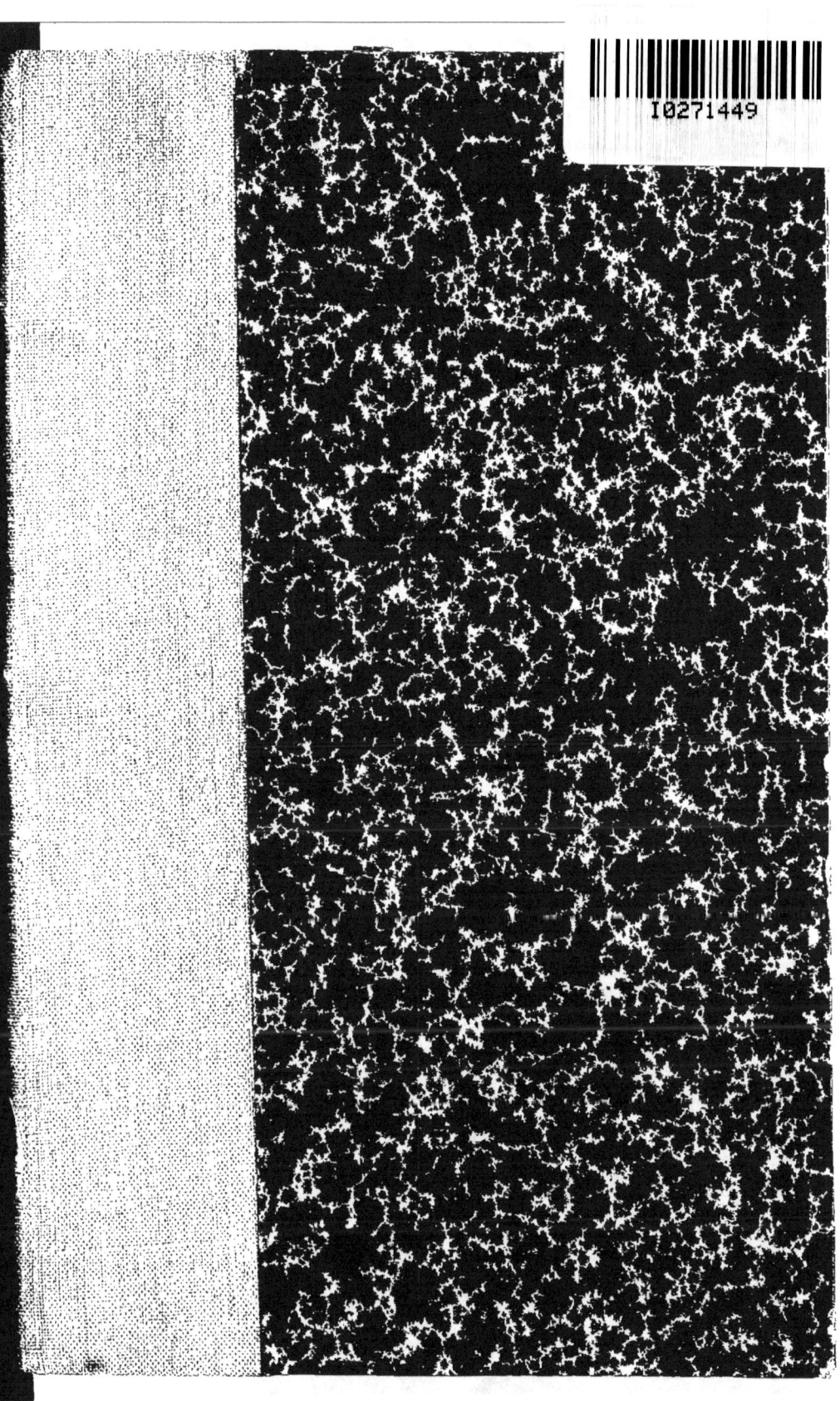

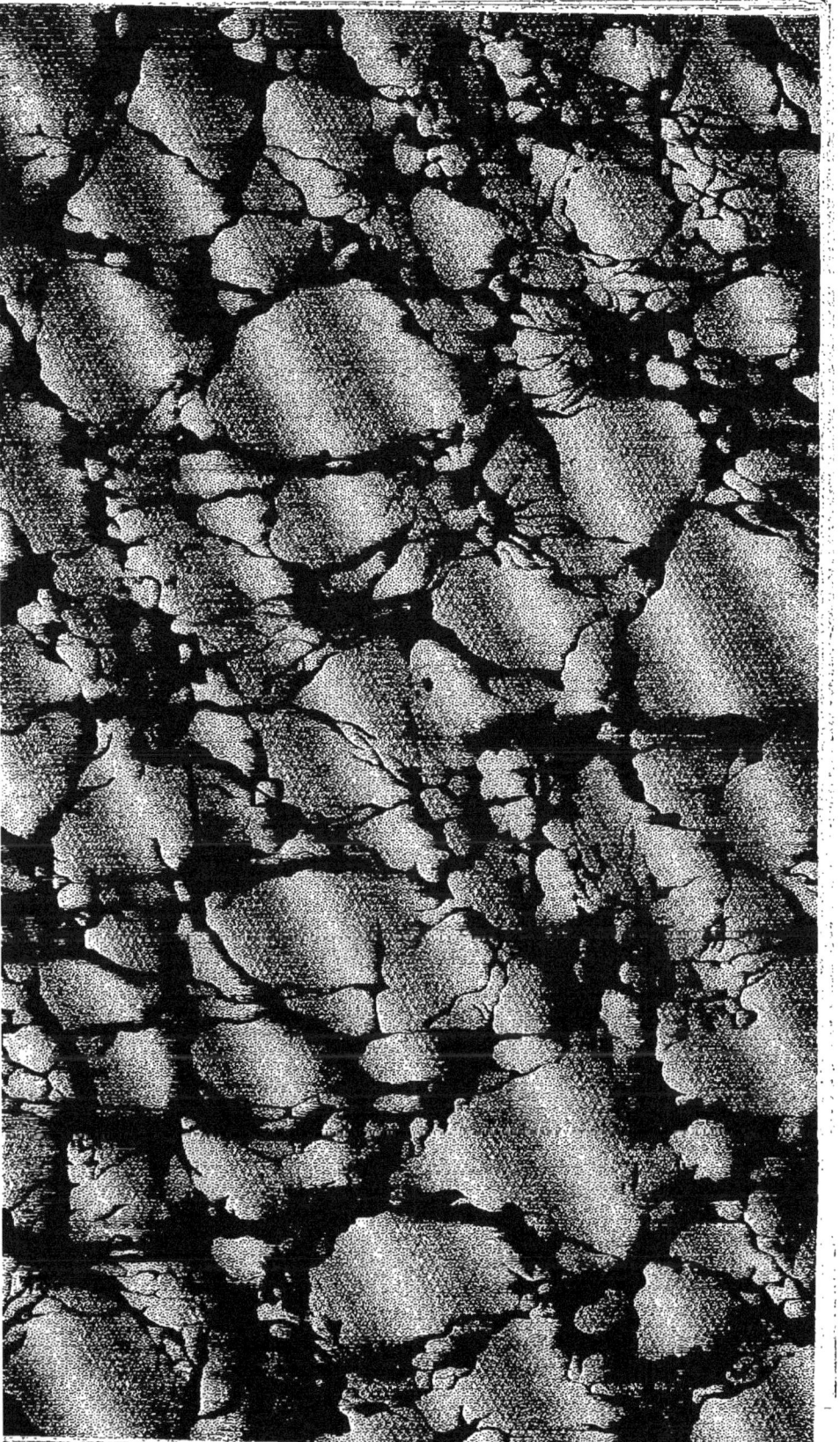

E, MARTIN REL.

Henri-Marie-J.-B^{te}-Théodore

MARGALHAN-FERRAT

FONDATEUR

des Religieuses Trinitaires de Sainte-Marthe

(près Marseille)

de la Réforme du Bienheureux Jean-Baptiste

de la Conception

MARSEILLE
IMPRIMERIE MARSEILLAISE
Rue Sainte, 39
—
1892

Henri MARGALHAN-FERRAT

Henri-Marie-J.-B{ie}-Théodore

MARGALHAN - FERRAT

FONDATEUR

des Religieuses Trinitaires de Sainte-Marthe

(près Marseille)

de la Réforme du Bienheureux Jean-Baptiste

de la Conception

MARSEILLE
IMPRIMERIE MARSEILLAISE
Rue Sainte, 39

1892

DÉCLARATION

Nous déclarons, conformément au décret du Souverain Pontife Urbain VIII, que les termes de *saint*, de *vénérable* et autres semblables que nous avons employés en parlant du prêtre dont nous écrivons la vie, ne sont que l'expression de notre profonde estime pour lui, et non une manière de prévenir le jugement du Saint-Siège Apostolique.

APPROBATION

DE MONSEIGNEUR L'ÉVÊQUE DE MARSEILLE

J'approuve très volontiers l'impression de la Vie de M. l'Abbé Margalhan, *fondateur des Trinitaires déchaussées, dites de Sainte-Marthe.*

Sans doute, celles de ses Filles qui ont vu ce bon père à l'œuvre, conserveront toujours bien vivant le souvenir de ses grandes vertus. Mais il est très utile d'en fixer le récit dans un livre où les nouvelles générations de la famille religieuse viendront s'animer à la poursuite de la perfection par les exemples édifiants d'une foi si vive, d'un esprit de sacrifice si parfait et d'une si ardente charité.

En la fête de sainte Agnès, vierge et martyre,

Ce 21 Janvier 1892.

† Louis, Evêque de Marseille.

Aux Religieuses Trinitaires

de Sainte-Marthe.

Mes très honorées Sœurs
et très chères Filles en Jésus-Christ,

Permettez-moi de vous dédier ce livre. Il vous appartient de droit. Le prêtre dont la vie y est retracée vous a aimées comme un père. Pendant trente-huit années, il vous a consacré, avec un dévouement sans bornes, tout ce qu'il a eu de force, de santé et de vie. C'est au milieu de vous qu'il a voulu finir sa longue carrière. La mort elle-même n'a pu rompre les liens qui l'unissaient à vous, puisqu'en quittant la terre il a promis de ne point oublier auprès de Dieu sa chère communauté de Sainte-Marthe.

Vous non plus n'avez point perdu son souvenir : il est, je le sais, encore vivant parmi vous. Et son œuvre, grâce à la protection divine, continue à prospérer. Mais le temps marche, les générations se succèdent, la plupart des religieuses qui l'ont connu sont allées, nous en avons la douce confiance, le rejoindre dans un monde meilleur. Toutes, depuis mon arrivée parmi vous, m'avez exprimé le désir d'avoir entre les mains un livre qui vous rappellerait la vie et les vertus de votre pieux fondateur, vrai modèle des vertus sacerdotales.

Ce désir si légitime va être satisfait. L'une d'entre vous, dont la modestie m'oblige à taire le nom, a bien voulu accepter cette tâche consolante. Saisissant avec un empressement tout filial l'occasion de mettre en lumière une vie si humble, mais si belle et si sainte, elle a laborieusement réuni tous les documents que l'on conservait précieusement à la maison-mère. Puis, de la bouche de l'une des fondatrices que vous avez la consolation de posséder encore parmi vous et que vous vénérez, elle a recueilli les détails les plus circonstanciés et les plus authentiques sur votre vénéré Père. Elle en a formé un livre que je vous offre aujourd'hui avec l'espoir qu'il sera pour les anciennes, pour les plus jeunes et pour celles qui doivent venir, un sujet de grande édification.

Puisse votre saint fondateur bénir ces pages écrites avec piété et avec cœur ! Puissent ces pages elles-mêmes contribuer à maintenir toujours parmi vous

x

l'humilité et la pauvreté qui ont été les deux vertus dominantes de sa vie ! Qu'il soit enfin permis à l'un de ses successeurs, très indigne, de solliciter de sa charité une particulière bénédiction !

Daignez agréer, mes très honorées Sœurs et très chères Filles, l'expression de mon religieux dévouement en Notre-Seigneur Jésus-Christ.

A. RAIN,
Prêtre, Supérieur.

Marseille, *le 8 Février 1892.*
En la fête de saint Jean de Matha.

Henri Margalhan-Ferrat

CHAPITRE I

Premières Années

— I. L'Ordre de la Sainte-Trinité. — II. Premières années de M. Margalhan. — III. Sa Jeunesse. — IV. Le Séminaire.

I

« L'Ordre de la Sainte-Trinité fut fondé,
« sous l'inspiration divine, par saint Jean de
« Matha et saint Félix de Valois et approuvé
« par une bulle du pape Innocent III, de sainte
« mémoire, le 17 décembre 1198. En faisant
« la cérémonie de l'installation de l'Ordre dans
« l'église de Saint-Jean de Latran, le Souve-
« rain Pontife prononça ces paroles remar-
« quables : « Nous croyons que cet Ordre n'est

« pas l'œuvre des hommes, mais qu'il a été
« *divinement inspiré.* »

« Un nombre infini de personnages illustres
« par leur science embrassèrent ce saint ins-
« titut. Des princes, des nobles appartenant
« aux premières familles de France, d'Espagne,
« d'Angleterre, des deux sexes, se consacrè-
« rent à Dieu dans cet Ordre, célèbre non seu-
« lement par ces nobles d'un sang illustre, et
« par ces savants la gloire de leur temps, mais
« surtout par le nombre incalculable de saints
« qu'il a produits. Il compte, en effet, trois
« mille trois cent vingt-cinq martyrs, seule-
« ment en Angleterre. Les premiers généraux
« ont le titre de saints ou de bienheureux ; et
« combien de martyrs dans les Indes, en Afri-
« que, etc., qui ont répandu leur sang pour la
« foi ! Combien de martyrs de la charité, qui
« ont souffert des tourments inouïs pour le
« salut des pauvres esclaves chrétiens ! Com-
« bien de prisons et de chaînes ont été sanctifiées
« par les saints religieux Trinitaires dans les
« pays barbares ! Combien de saints mission-
« naires, combien de confesseurs aussi ont
« illustré l'Ordre ! Saint Jean l'Anglais, saint
« Guillaume l'Ecossais, le bienheureux Simon

« de Roxas, le bienheureux Jean-Baptiste de la
« Conception, saint Michel des Saints, sainte
« Constance, fille du roi d'Aragon, sainte Lau-
« re, martyre...

« Je ne parle point des légats, patriarches,
« cardinaux, archevêques, évêques, ambassa-
« deurs, conseillers des rois, théologiens. Vous
« voyez que l'Ordre de la Trinité a été illus-
« tre..... »

C'est en ces termes que M. Margalhan racontait, dans une lettre, du 18 juillet 1855, les
gloires de l'Ordre auquel il avait consacré sa
vie. Son nom n'est pas indigne d'être inscrit à
la suite de cette glorieuse énumération.

II

Henri-Marie-Jean-Baptiste-Théodore Margalhan-Ferrat naquit à Marseille, le 15 janvier
1799. Son père Pierre-Théodore, pharmacien,
descendait de Claude Margalhan de Seine, citoyen d'Aix, qui fut déclaré noble, ainsi que
sa postérité, par lettres patentes du roi René,
données à Aix le 17 août 1470 (1). Sa mère,

(1) Archives de la Préfecture des Bouches-du-Rhône.

Thérèse-Innocente-Rosalie-Cécile Aubert, était une de ces femmes au cœur généreux que le Ciel donne en récompense à ceux qui craignent le Seigneur. Malgré le malheur des temps, les deux époux, restés fidèles à la religion et à ses saintes pratiques, avaient reçu la bénédiction nuptiale des mains de M. l'abbé Vigne, que nous retrouvons chanoine et curé de Toulon en 1815. Ce fut le même prêtre qui, sous le déguisement d'un dragon, baptisa conditionnellement, quinze jours après sa naissance, l'enfant ondoyé le jour même de sa venue au monde par une femme chrétienne. Nous ne savons pas le nom de cette femme : M. l'abbé Margalhan, dans sa jeunesse, l'appelait Marie Paty.

Un trait fera connaître l'intérieur béni où naquit le jeune enfant. Pendant la Révolution, M. et Mme Margalhan s'étaient vus l'objet de la malveillance d'un cordonnier, vendu aux idées du jour. Il avait cherché toutes les occasions de leur nuire et il n'avait pas tenu à lui qu'il ne leur arrivât malheur. La fin de la Terreur et le calme rendus à la France furent pour cet égaré le commencement de sa punition. En butte au mépris des honnêtes gens, il cherchait en vain du travail et la misère le gagnait. Mme Margalhan comprit son devoir de chrétienne ; non contente de lui dire qu'elle lui pardonnait, elle lui donna sa pratique, lui fit plusieurs commandes et engagea ses connaissances à en faire autant. Cet homme fut sauvé. Elle disait avec simplicité : « Il est malheureux, je n'ai pas le droit de me rappeler ce qui s'est passé. »

Henri Margalhan fut l'enfant de la Très Sainte Vierge, dès le premier jour de son existence. Aussitôt après sa naissance, sa mère le prit entre ses bras et le consacra à la Reine des Saints. Il se plut toute sa vie à rappeler cette consécration et la regarda toujours comme le principe des grâces nombreuses qu'il reçut de la bonté divine.

Quelques années après la naissance d'Henri, ses parents allèrent fixer leur résidence à Aix. Depuis le mois de juillet 1802, Mgr de Cicé y remplissait les fonctions archiépiscopales. Un jour qu'il passait dans la rue, le jeune Henri, âgé de trois ans, s'échappa des bras de sa mère et courut à lui. « Monseigneur, lui dit-il dans son langage enfantin, je vous ai vu ce matin au potager (1). » Il voulait dire à l'autel. « Que

(1) Nom que l'on donne, dans le Midi, au fourneau de la cuisine.

dit-il ? demanda l'archevêque à Mme Margalhan qui avait suivi son fils. La mère en donna l'explication : le matin même elle avait conduit son enfant à la cathédrale, avec elle, et il avait vu Sa Grandeur officier pontificalement. Le vénérable prélat caressa affectueusement son petit visage et dit à sa mère en le lui rendant. « Oh ! le bel enfant ! » Puis il ajouta par deux fois : « Soignez bien cet enfant ! soignez-le bien ! » Mme Margalhan accueillit avec joie les paroles de l'archevêque et resta persuadée qu'il obéissait, en lui parlant ainsi, à un pressentiment prophétique. Les précoces dispositions de l'enfant prédestiné pouvaient, d'ailleurs, la confirmer dans cette pensée.

Le jour où il accomplit sa septième année, sa pieuse mère lui dit en l'embrassant : « Henri, maintenant que tu as l'âge de comprendre les choses, demande à Dieu la grâce de faire une bonne première communion, car c'est l'acte le plus important de la vie. » Et dès ce moment, racontait plus tard sa mère, sa première communion devint le but de tous ses désirs.

Il grandissait en âge et en piété. Son caractère était vif, gai et ouvert. Mais ses innocentes espiègleries étaient rachetées par sa franchise, par la délicatesse de sa conscience et surtout par la bonté de son cœur.

L'enfant avait un petit défaut ; pourquoi ne pas en convenir ? Il était gourmand.

Il lui arrivait souvent de prendre un morceau de pain qu'il arrosait d'huile d'olive et qu'il mangeait avec délices. Les traces, par malheur, restaient sur ses vêtements, aussi sa mère lui dit un jour : « Comment fais-tu, pour te tacher ainsi ? » Henri ne savait pas mentir, il avoua avec sincérité ses petits larcins.

Il y avait à la pharmacie un grand pot de miel de première qualité, Henri avait su en trouver le chemin. M. Margalhan finit par s'apercevoir que le contenu avait diminué notablement, et fit tomber ses soupçons sur le garçon de service. Celui-ci, qui aimait Henri, se laissa réprimander sans rien dire. Mais, quand l'enfant apprit qu'un autre était accusé pour lui, il ne put le supporter et dit sans hésiter : « C'est moi. » Comment ne pas lui pardonner ?... Mais lui ne se le pardonna jamais, et, vieillard, il se reprochait encore cette faute dont un autre avait souffert.

La gourmandise était, hâtons-nous de le dire, victorieusement combattue par la charité, noble vertu qui paraissait innée en lui. A peine âgé de six ou sept ans, il partageait son modeste dîner avec les pauvres qu'il rencontrait en allant à l'école, et, quand l'heure du repas était arrivée, il se contentait du peu qu'il avait gardé; souvent même, il ne gardait absolument rien. Que de fois à la maison, il lui arrivait de quitter la table pour porter sa portion à un pauvre qu'il entendait dans la rue! Et quand il rentrait, trouvant encore à sa place une assiette pleine, il disait naïvement, croyant à un miracle : « Voyez donc, j'ai tout donné à un malheureux, et le bon Dieu me l'a remplacé ! » A l'école, le même miracle ne s'opérait point, et Henri, quand il ne s'était rien réservé, était réduit à regarder dîner les autres. Le maître s'en aperçut, et Mme Margalhan, avertie, donna tous les jours double portion à son enfant : « Voici pour lui, disait-elle, et voilà pour le pauvre. » Précautions inutiles ! Henri donnait tout, et se contentait de l'espérance de souper le soir. Il fallut alors que Mme Margalhan mît son fils en demi-pension, dans la crainte que ces privations, trop souvent réitérées, ne fussent préjudiciables à sa santé.

Etant encore tout petit, au lieu de s'amuser

avec des jouets, comme les enfants de son âge, il dressait des autels, devant lesquels il imitait avec gravité les cérémonies du culte divin. Sa mère, heureuse de l'attrait qu'il éprouvait pour les choses de Dieu, le menait avec elle à la messe presque tous les jours.

Pour le contenter, elle acheta tout ce qui pouvait être nécessaire à sa chapelle en miniature, sans rien oublier, pas même une petite chasuble. Le jeune Henri ne manqua pas d'y faire sa prière matin et soir devant la statue de la Sainte Vierge et d'y passer toutes ses récréations à *officier gravement*, après avoir annoncé ses offices au son de la cloche.

Depuis la fondation du couvent de Sainte-Marthe, cette cloche, dont, enfant, il se servait dans ses jeux sonne tous les exercices intérieurs de la communauté. Heureux de la voir employée à cette destination, il répétait souvent: « Qui m'aurait dit que plus tard elle servirait pour appeler des religieuses ? »

A l'âge de huit à neuf ans, Henri fut placé chez un instituteur habile, mais dont la grande sévérité l'intimidait tellement, que la crainte paralysait ses progrès. L'instituteur lui-même conseilla à ses parents de le confier à un religieux Trinitaire de Lorgues, le R. P. Donneau, qui, contraint par la Révolution de quitter son Ordre, se livrait à l'éducation des jeunes gens. L'enfant s'attacha à son nouveau maître et n'en perdit jamais le souvenir. Il le voyait de temps en temps, revêtu de l'habit trinitaire, agréger quelques-uns de ses condisciples à l'archiconfrérie de la Sainte-Trinité. Cet habit blanc, ce scapulaire avec la croix rouge et bleue faisaient sur l'imagination de l'enfant une grande impression. Plus tard seulement il comprit les desseins que la Providence avait sur lui.

Il fit sa première communion le 6 mai 1811, et fut préparé à cette grande action par M. l'abbé Christophe Laty, vicaire à la métropole de Saint-Sauveur d'Aix, devenu plus tard chanoine et curé de cette même église. Elevé par une mère profondément chrétienne, dans l'horeur du péché et l'amour de la vertu, Henri accomplit avec une piété touchante ce grand acte de la vie. Avec quelle modestie il s'agenouilla à la sainte table pour recevoir Notre-Seigneur! Et une fois revenu à sa place, on le vit demeurer longtemps, comme anéanti, devant la majesté divine. A ce moment il comprit que toute la vie dépend souvent de la première communion : que dans ce jour on peut tout conclure avec Dieu, et que, comme le disait un petit ange de douze ans, dans ce jour-là, on signe son éternité.

Le souvenir de la visite du Sauveur dans son âme ne s'effaça jamais de son esprit et encore moins de son cœur. Vieillard octogénaire nous l'avons vu, à la suite des enfants de la première communion, venir s'agenouiller au pied de l'autel pour renouveler les vœux de son Baptême, comme il l'avait fait à l'âge de douze ans.

Il conserva toujours une grande affection pour le saint prêtre qui l'avait préparé à cette action si importante. Et toutes les fois qu'il le voyait il aimait à lui redire : « Oh ! le beau jour ! le beau jour ! vous y étiez ! c'est même vous dont Dieu s'est servi pour le faire si beau ! aussi vous en ai-je gardé une immortelle reconnaissance. »

III

Henri grandissait, la lutte allait commencer. « Celui qui n'a pas été tenté, que sait-il ? »

dit l'auteur de l'*Imitation*. Henri Margalhan eut ses heures d'orage. Quand il fut arrivé à cette époque de la vie où la sève découle à pleins bords, où la soif de l'indépendance commence à se faire sentir, il dut, comme les autres, subir la loi du combat. Ses études terminées, il était rentré à la maison paternelle. Le séjour de la pharmacie lui sembla-t-il trop monotone, trop assujettissant ? Voulut-il être son maître ? Dieu, au milieu de ce malaise, commençait-il à le poursuivre ?...

Ne sentant pas en lui d'attrait pour la carrière que son père suivait, il voulut se faire une position ailleurs, et entra, en qualité de commis, à Marseille, chez un mercier de la place aux Hommes. Il y resta quelques mois seulement. A cette époque, nous a dit M. Pastoret, son oncle, c'était un « bon garçon », mais il n'était pas ce qu'on appelle « dévot » et rien ne faisait présager qu'il dût être prêtre. En effet, Henri Margalhan, par un entraînement facile à comprendre, commençait à faire comme les autres. A cette époque, a-t-il dit bien des fois *« je fumais, j'avais une canne, et une fois au carnaval je me déguisai. »* On ne s'arrête pas facilement sur la pente du plaisir, et l'âme du jeune homme était en danger ; mais, dans son ineffable bonté, Dieu lui avait donné une mère chrétienne.

Mme Margalhan, qui ne s'estimait mère qu'à demi si elle ne sauvegardait pas l'âme de ses enfants après leur avoir donné la vie du corps, accourut à Marseille quand elle comprit à quels dangers son cher Henri était exposé. Elle parla ce langage du cœur que les mères savent si bien faire entendre, elle pria, elle supplia, et son fils, que la grâce poursuivait et qui se trouvait mal à l'aise à Marseille où la bonté de Dieu mêlait à ses essais d'indépendance de salutaires amertumes, consentit facilement à retourner à la maison paternelle.

Telle fut cette époque, que M. Margalhan, dans sa grande humilité, appela toute sa vie « *ses heures d'égarement* » et qu'il expia par tant de pénitences. « Demandez à Dieu, disait-il souvent à une de ses religieuses, qu'il me fasse miséricorde ! — Mais, lui répondait-elle, vous avez été un bon prêtre. — Ah ! reprenait-il, les péchés de ma jeunesse ! *Je fumais, j'avais une canne, je faisais le monsieur !* » Et quand, après lui avoir rappelé la bonté de Dieu, elle ajoutait : « Mais ce n'est pas à une pauvre fille

comme moi de vous dire cela », il reprenait :
« Les paroles d'une vierge chrétienne font du
bien, parce que les vierges chrétiennes sont les
anges de la terre. »

Nous avons laissé Henri Margalhan retourner à Aix. Nous savons peu de choses sur le temps qui suivit. Son âme dut se tourner du côté de la piété, car le 17 août 1817 il fut agrégé à la confrérie des Pénitents bleus de Saint-Joachim, dont le but était de prodiguer des soins charitables aux condamnés à mort, de les aider à bien mourir et de leur donner la sépulture. — Il avait dix-huit ans.

Un de ses délassements favoris était de travailler à la formation d'un herbier où s'étalaient une grande quantité de plantes avec l'indication du nom de chacune d'elles en latin, en français, en italien, en espagnol et en provençal. C'était, paraît-il, une très intéressante collection ; mais il ne s'en occupa plus après sa prêtrise, et laissée à la maison paternelle elle n'existe plus depuis longtemps.

Il avait deux frères, Philippe et Félix, ce dernier beaucoup plus jeune que lui. Dans la crainte qu'il n'arrivât quelque mal à l'enfant, le père avait défendu à Henri de l'emmener en certains endroits dangereux des environs où il allait herboriser. Henri violait quelquefois la défense, mais en veillant avec sollicitude sur son jeune frère, et, pour ne pas en être trahi, il lui disait : « Si l'on te demande où nous avons été, tu répondras : *à veve*. » Cette syllabe, prononcée entre les dents, ne répondait à aucun nom connu ; qu'était-ce que *veve ?* Mais le père qui n'ignorait pas l'horreur de son fils aîné pour le mensonge, se douta de ce qu'il en était; et un jour que Henri et Félix revenaient de *veve* avec une magnifique provision de mousse destinée à orner la crèche, il la jeta sans pitié dans la rue. Dans ce temps-là les jeunes gens de dix-huit ans savaient se soumettre à l'autorité paternelle. Henri, du moins, ne crut pas qu'il pût en être autrement, et, sans répliquer, regarda avec consternation sa belle mousse foulée sous les pieds des passants. La leçon lui profita.

IV

Mais Dieu allait appeler le jeune herborisateur à une culture plus belle et surtout plus féconde en résultats : le soin des âmes qui sont comme les fleurs de ce jardin vaste et magnifique qu'on appelle l'Eglise. Plus tard même il cultivera des fleurs plus rares, puisque Dieu le destinait à être le père d'une nombreuse famille de vierges consacrées à Jésus-Christ.

Depuis que le Sauveur a dit à ses Apôtres : « Suivez-moi » tous les vrais prêtres ont entendu l'appel de Jésus-Christ. Ce fut à l'âge de vingt ans, en assistant à un service funèbre, que la voix de Dieu se fit entendre à M. Margalhan.

Une strophe du *Dies iræ (Qui Mariam absolvisti)*, fut le moyen dont le Maître des cœurs se servit pour l'éclairer sur sa vocation. Il comprit, à la lumière dont Dieu illumina son âme, que le sacerdoce était la voie sans comparaison la plus haute, la plus noble, la plus utile et la plus belle dans tous les sens que l'homme puisse suivre sur cette terre. Il y avait en lui, si l'on peut parler de la sorte, les deux racines de la vocation : d'une part, la piété qui se donne à Dieu par tendresse ; de l'autre, le zèle qui, à la vue de la lutte terrible du bien et du mal sur la terre, se fait apôtre et s'inscrit avec enthousiasme pour conquérir des âmes à Jésus-Christ.

Mais ce n'est qu'après une épreuve sérieuse que l'on peut se donner à Jésus-Christ, cette épreuve c'est le séminaire. M. Margalhan obtint le consentement de son père et entra au grand séminaire d'Aix.

Un pieux auteur peint dans les termes suivants les dispositions que doit avoir au séminaire le jeune homme que Dieu y appelle : « une inclination vers ce qui est pur et beau, une vigilance jalouse autour de ces trésors ; pour cela, aimer la solitude, le recueillement, le silence, commencer l'apprentisssage des luttes intérieures ; prêter une grande attention à Jésus-Christ qui passe ; avoir l'oreille ouverte à toute voix qui le nomme, la fidélité à le suivre, l'amour de sa maison, le désir de s'y recueillir quelque temps avec lui, enfin la générosité, l'attente courageuse de ses ordres quels qu'ils soient, et, dès son premier mot, le renoncement à tout pour n'être qu'à lui seul... (1) »

Telles sont les dispositions qui animèrent le jeune séminariste pendant son séjour au séminaire, où il figure dans les registres de l'année 1820 et 1821.

En 1822, il resta dans sa famille pour raison

(1) Mgr Baunard.

de santé, et reprit ses études ecclésiastiques en 1823. Il reçut les saints Ordres, excepté la prêtrise, des mains de Mgr de Bausset-Roquefort. Il fut ordonné sous-diacre aux quatre-temps du Carême de 1824, et diacre aux quatre-temps de la Pentecôte de la même année.

Au séminaire d'Aix, M. l'abbé Margalhan fut l'ami et le compagnon privilégié d'un jeune homme dont la vive piété sympathisait avec la sienne, et dont la douceur inaltérable contrastait avec sa vivacité naturelle : l'abbé Joseph-Hippolyte Guibert, plus jeune que lui de trois ou quatre ans, le futur archevêque de Paris. Il nous semble, à ce souvenir, voir saint Jean de Matha se lier, à l'Université de Paris, avec le vertueux étudiant qui devait être plus tard Innocent III.

Ici nous cédons la plume au vénéré cardinal, qui, après la mort de M. Margalhan, daigna écrire à la révérende Mère supérieure générale des Religieuses Trinitaires de Sainte-Marthe la lettre suivante :

« Paris, le 4 mars 1883.

« Ma Révérende Mère,

« C'est par votre lettre que j'ai appris la
« mort du digne et pieux abbé Margalhan. J'ai

« bien prié pour lui et je continuerai à prier,
« quoique j'aie bien lieu de croire que son âme
« si pure et si fervente a déjà été reçue dans le
« sein de Dieu.

« Comme vous me le rappelez, ce saint prê-
« tre a été l'un des plus intimes amis de ma
« jeunesse ; nous habitions la même ville et
« nous avons suivi ensemble les cours du sémi-
« naire d'Aix pendant plusieurs années. Il était
« un peu plus âgé que moi de deux ou trois ans.
« Il avait déjà le germe de toutes les vertus dont
« vous me parlez dans votre lettre et qu'il a
« déployées dans le cours de sa longue vie.
« Il était d'une grande ferveur et aimait toutes
« les œuvres de dévotion. Dans nos entretiens
« il parlait toujours des choses de Dieu et de
« la piété, et j'aime à me rappeler les
« bonnes impressions qui me restaient tou-
« jours de nos conversations.

« Pendant les vacances du séminaire, nous
« nous voyions presque tous les jours, nous
« faisions ensemble les pieux exercices qui
« étaient indiqués par le règlement que nos
« maîtres nous donnaient pour nous garantir
« contre les dangers du monde. Je me souviens
« qu'une fois l'abbé Margalhan, que j'aimais à

« prendre pour modèle parce qu'il était mon
« ancien, me proposa, durant les vacances, de
« faire une retraite particulière pour nous
« affermir dans notre vocation et obtenir les
« vertus que cette sainte vocation demande. Il
« me conduisait tous les jours de cette retraite
« dans la chapelle des Pénitents Bleus, et là
« seuls, nous passions des heures entières à
« prier, à méditer et à faire de saintes lectures.
« J'ai gardé toute ma vie un souvenir affec-
« tueux de mes entretiens avec cet excellent
« séminariste, et j'ai plus d'une fois remercié
« Dieu de m'avoir donné cet ami fidèle dans
« cet âge où l'on est si exposé à s'égarer au
« milieu du monde.

« Pendant tout le temps passé au séminaire,
« l'abbé Margalhan a toujours été l'un des
« élèves les plus édifiants par la piété et par
« sa fidélité à observer tous les points de la
« règle.

« Je n'ai pu suivre cet ami dans le cours de
« sa vie sacerdotable, la Providence m'ayant
« séparé de lui par de longues distances, soit
« quand j'ai exercé le ministère des misions, soit
« lorsque plus tard j'ai été appelé, malgré mon
« peu de mérite, à être évêque. Mais c'était une

« vraie consolation pour moi d'apprendre tout
« le bien que faisait M. Margalhan auprès des
« âmes les plus abandonnées, celui qu'il a fait
« dans l'Eglise en s'occupant de la restauration
« de l'Ordre de la Trinité. Rien ne m'étonnait
« de sa part, parce que je ne voyais dans les
« œuvres qu'on me racontait que le développe-
« ment de la ferveur, de l'abnégation, de l'hu-
« milité que j'avais connues dans le jeune Mar-
« galhan, au temps de notre jeunesse.

« Je vous bénis, ma Révérende Mère, ainsi
« que vos chères Filles, et me recommande à
« vos bonnes prières dont j'ai grand besoin.

« † J.-Hipp., cardinal, Guibert,
« *Archevêque de Paris.* »

Appelé dans le diocèse de Marseille dont il était natif, M. l'abbé Margalhan se montra ce qu'il avait été à Aix. Parmi ses condisciples se trouvait M. l'abbé Calmès qui fut depuis curé de la paroisse de la Sainte-Trinité à Marseille, où il a laissé le souvenir d'une vie admirablement sacerdotale. Or, voici le témoignage qu'il rendait à M. Margalhan :

« Je l'ai toujours eu en haute estime, disait-
« il, à cause de la grande sainteté que j'ai tou-

« jours remarquée en lui, dès le temps où nous
« étions ensemble au séminaire. Très pieux et
« toujours l'un des premiers aux exercices, il
« était de plus très obéissant, et se laissait di-
« riger, comme un petit enfant, par son supé-
« rieur en qui il avait grande confiance. Le
« matin avant la sainte communion, il avait
« toujours un mot à adresser au supérieur ;
« mais celui-ci, connaissant sa délicatesse de
« conscience, se contentait souvent de lui dire,
« sans l'avoir entendu : « Marchez en paix. »
« Ce mot suffisait au pieux séminariste et il ne
« manquait pas d'approcher de la sainte table.
« Une de ses grandes joies était de rendre servi-
« ce à ses compagnons ; déjà il se distinguait
« par sa charité comme il l'a fait toute sa vie. »

Ce témoignage est d'ailleurs celui de tous les prêtres qui l'eurent pour condisciple au séminaire.

Le vénérable supérieur de l'établissement, M. l'abbé Dalga, était très rigide sur un point de la règle, qui défend aux séminaristes de se parler à la porte de leur chambre, sans permission ; plusieurs même avaient été punis pour avoir enfreint cet article du règlement. Malgré cela, comme le fruit défendu a toujours, hélas !

un attrait irrésistible, il y en avait encore qui succombaient à la tentation en s'entretenant, jusqu'à ce que le bruit des pas du sévère supérieur les fît rentrer à la hâte chez eux. Cette manière d'agir déplaisait fort à M. l'abbé Dalga, qui enseignait à ses disciples à ne jamais se cacher des supérieurs, quels que fussent leurs manquements. « Un jour, raconte M. Margalhan je me trouvais en faute ; je parlais à un séminariste lorsque j'entendis venir M. Dalga. Mon compagnon s'esquiva au plus vite ; j'en aurais pu faire autant, mais ma conscience ne me permettait pas de cacher ma désobéissance à mon supérieur, et, au risque d'être grondé, je restai debout à la même place. « Que faites-vous là ? » me dit-il en passant. — « Je demandais telle chose », lui répondis-je. — « Ce n'est pas bien », reprit-il avec bonté, « il ne faut pas manquer au silence ; ne le faites plus. » Et M. Margalhan ajoutait : » Il n'est rien qui désarme la sévérité comme un aveu franc, sincère et loyal, de sorte que la simplicité à reconnaître nos fautes ne sert pas seulement à nous en épargner de nouvelles, elle nous attire encore la bienveillance et la confiance. »

M. Margalhan revenait volontiers sur ses années de séminaire et il conserva toute sa vie une grande vénération pour ceux qui l'avaient préparé au sacerdoce. Tant que ses forces le lui permirent, il ne manqua pas d'aller chaque année, le jour de la Conversion de saint Paul, patron du séminaire d'Aix, y célébrer la sainte messe, et il ajoutait : « Un prêtre doit toujours regretter son séminaire : c'est là qu'il a appris à se former à la vertu. »

Ainsi préparé aux austères devoirs du sacerdoce, M. l'abbé Margalhan fut ordonné prêtre par Mgr Charles-Fortuné de Mazenod, le 18 septembre 1824.

« Quand il se releva des pieds de l'évêque les mains encore humides de l'huile sainte, le front illuminé du grand caractère qui fait prêtre pour l'éternité, l'âme transfigurée », il était disposé pour l'apostolat.

CHAPITRE II

Le Ministère paroissial

I. M. L'ABBÉ MARGALHAN DANS L'EXERCICE DU MINISTÈRE PAROISSIAL DE CASSIS. — II. MAZARGUES. — III. SAINTE-MARTHE. SON LABORIEUX MINISTÈRE.

I

Le 28 octobre 1824, M. l'abbé Margalhan fut nommé vicaire à Cassis. Il débuta dans le ministère sacerdotal par une épreuve difficile. Le recteur de la paroisse de Cassis, M. l'abbé Chauvet, avait refusé d'inhumer avec les cérémonies de l'Église catholique une personne qui, après avoir appartenu au schisme de la *Petite Église*, était morte sans rétractation. Mgr de Mazenod avait approuvé sa conduite ; mais la majeure partie de la population s'était soulevée, et la position de M. Chauvet était devenue intolérable. Monseigneur, contraint de le changer, le nomma, à la cure d'Aubagne. Quant à M. l'abbé Margalhan, il prit hautement le parti de son recteur, mais en même temps il se conduisit avec tant de prudence, dans ces circonstances difficiles, qu'il s'attira tous les cœurs sans faire des concessions que sa conscience eût réprouvées. Plusieurs fois il rendit compte de sa conduite à son évêque, qui toujours approuva ce qu'il avait fait, et qui lui donna tous les pouvoirs nécessaires pour l'administration de la paroisse jusqu'à l'arrivée du nouveau recteur. Cet état de choses dura plusieurs mois. En décembre 1824, M. Margalhan était déjà seul, et ce fut seulement en avril 1825, que M. l'abbé Palle fut nommé recteur de la paroisse de Cassis.

M. le chanoine Laty, le prêtre qui l'avait préparé à sa première communion, lui avait recommandé de n'aller au confessionnal, au début de son ministère, que pour une véritable nécessité.

Le vénérable prêtre insista bien davantage, quand il vit l'enfant de son cœur dans une situation difficile, où la moindre parole mal interprétée pouvait soulever les esprits. Aussi lui conseilla-t-il de ne pas se surcharger de confessions, et de donner pour excuse qu'il était seul et ne pouvait suffire à tout. (Lettre du 14 décembre 1824.)

On en murmurait bien un peu dans la paroisse ; mais on attribuait cette conduite aux scrupules du jeune prêtre, que l'on aimait d'ailleurs, à cause de sa charité. Ses confrères dans le sacerdoce le jugèrent peut-être un peu plus sévèrement. Nous avons entendu l'un d'eux, en particulier, blâmer cette manière d'agir et ne pas comprendre que M. Margalhan pût ainsi *se soustraire au devoir*. Mais le jeune prêtre possédait déjà, dans les premiers jours de son sacerdoce, cette prudence qui ne s'acquiert qu'après de longues années. Il avait de suite compris qu'il était sûr de marcher dans la voie droite en obéissant à ses supérieurs, et il gardait à l'égard des autres un humble silence.

Il ne s'en départit jamais. Peu d'années avant sa mort, causant un jour à Cassis, famillièrement et gaiement avec M. le curé de cette paroisse et un autre prêtre : « Monsieur l'abbé, lui dit ce dernier, veuillez me pardonner une question : est-il vrai que, quand vous étiez vicaire à Cassis et que l'on vous demandait au confessional, au lieu d'y aller vous preniez le chemin de la Ciotat ? » Le visage de M. Margalhan devint sérieux, et, d'un ton qui ne permettait pas d'insistance : « Quand je le faisais, répondit-il, j'avais mes raisons. » Et il détourna la conversation.

M. Margalhan, avons-nous dit, était aimé de tous à Cassis, il le fut surtout des patrons pêcheurs. L'un d'eux, le patron Raphaël, lui dit un jour en provençal : « Monsieur l'abbé, bénissez ma barque : voilà plusieurs jours que nous ne prenons plus de poisson. » M. Margalhan se rendit facilement aux désirs du brave homme et fit, avec sa foi ordinaire, le signe de la Croix sur son bateau. Le patron Raphaël revint de la pêche ce jour-là avec une si grande quantité de poisson, qu'il ne savait plus où le mettre. Le digne prêtre racontait quelquefois ce trait comme une preuve de l'efficacité du signe de la Croix, auquel il avait une grande dévotion. Le souvenir de cette pêche resta célèbre parmi les pêcheurs de la localité ; et cinquante-trois ans plus tard, M. Margalhan se trouvant à Cassis, le patron Raphaël, vieux et presque aveugle, le lui rappela en ajoutant :

« Cette fois, Monsieur le Curé, ç'a été comme la pêche miraculeuse de l'Evangile. »

Les pauvres aussi connaissaient bien M. Margalhan. Il ne se gardait rien : c'est l'histoire de toute sa vie. On nous a raconté qu'une fois, ayant donné une paire de souliers à racommoder, le sacristain lui dit après la messe : « Monsieur l'abbé, vos souliers sont prêts. — Je vous remercie, mon ami, je les ferai prendre. » Le lendemain, les jours suivants, même avis, même réponse ; les souliers restaient chez le cordonnier. On finit par en deviner la cause, M. Margalhan, ayant tout donné aux pauvres, n'avait pas de quoi payer sa petite dette.

Le linge disparaissait vite de son armoire pour passer entre les mains des pauvres. Mme Margalhan pria une personne de Cassis de prendre soin du linge de son fils : « Je ne puis m'en charger, dit-elle, monsieur l'abbé donne tout, il lui manquera tantôt une chose tantôt une autre, et je ne veux pas en avoir la responsabilité. »

Tant que M. Margalhan avait, il donnait, sans calculer s'il en resterait pour lui-même. Quelquefois on prenait la liberté de lui représenter qu'il allait trop loin. « Je ne manque de rien, répondait-il, et il y tant de pauvres qui manquent de tout ! »

II

Le 21 décembre 1825, il fut nommé vicaire à Mazargues. Il avait encore sur lui quelques pièces de monnaie. Rencontrant une pauvre femme qui n'avait rien pour se garantir la tête, il lui donna le reste de sa bourse pour acheter un chapeau ; et la bourse vide, mais le cœur joyeux d'avoir fait une dernière bonne œuvre en quittant Cassis, il fit à pied le chemin de Mazargues. Il écrivit à son père pour lui demander quelque argent, et celui-ci s'empressa de lui en envoyer.

Sa charité brilla à Mazargues comme à Cassis; il y ajouta tout ce que son zèle pouvait lui suggérer pour conserver et retenir les jeunes gens dans le chemin de la vertu. C'est ainsi qu'après ses fatigues de la semaine et les offices du dimanche il réunissait tous ceux qu'il pouvait attirer, et, grâce à son entrain et à sa gaîté naturelle, il leur faisait trouver dans sa compagnie des délassements innocents qui les détournaient des plaisirs dangereux.

Pendant les premières années de son sacerdoce, M. Margalhan éprouva une grande peine : une de ses tantes contracta une de ces unions qui attristent toujours l'Eglise. M. de Long, homme très honorable selon le monde, avait le malheur d'être protestant. M. Margalhan souffrit beaucoup de voir une personne aussi pieuse que sa tante s'allier à un hérétique ; mais, ne pouvant l'empêcher, il prit le seul moyen qui fût en son pouvoir, il pria avec ferveur pour la conversion de son nouveau parent. Il fit plus : dans le but de le gagner à Dieu, il lui témoigna la plus affectueuse déférence et n'épargna rien pour lui être agréable en toute occasion. M. de Long prit vite son neveu en amitié, l'invita à le visiter souvent et lui témoigna le désir de le voir à sa table lorsqu'il viendrait à Marseille. Quand cet échange de cordiales prévenances eut duré quelque temps, M. l'abbé Margalhan crut que le moment propice était arrivé, et, après avoir redoublé ses prières, il dit un jour à M. de Long : « Mon oncle, vous savez que je vous aime beaucoup, et je sais que vous m'aimez de même, car vous me comblez de marques d'affection ; néanmoins, malgré toutes vos bontés, j'ai un chagrin dans l'âme ; vous m'êtes trop cher pour que je vous le laisse ignorer plus longtemps. Pour votre bonheur, mon cher oncle, je voudrais vous voir catholique.» M. de Long, surpris de cette confidence, répondit : « Mon cher Henri, ne me parle pas de la sorte : tu me ferais de la peine et nos bons rapports en souffriraient. » A partir de ce jour il ne l'invita plus à aller le voir, et toute correspondance cessa entre l'oncle et le neveu.

Cependant le trait était lancé, et la grâce commençait à travailler M. de Long. Sollicité continuellement par la pensée de se faire catholique, mais ne se sentant point le courage d'abandonner sa religion, il se décida à faire le voyage de Rome, dans l'espérance que les monuments et les beautés artistiques de la Ville éternelle apporteraient une diversion à la pensée qui le persécutait sans trêve. Dieu l'attendait là. Un jour, en se promenant dans Rome, il rencontra l'Evêque de Marseille, Mgr Fortuné de Mazenod. « Monsieur de Long, dit le prélat fort étonné, qui vous amène ici?—Monseigneur, depuis quelque temps je suis tourmenté au sujet de quelques paroles que m'a dites mon neveu Margalhan, et je suis venu ici pour me distraire. Il m'a fait comprendre que je n'étais pas dans la bonne voie et que je devrais me faire catholique. — Profitez, mon cher Monsieur, reprend l'évêque ; nous sommes dans la Ville sainte, vous en avez tous les moyens. » Mgr de Mazenod ne se borna pas à ce conseil, il l'instruisit des mystères de notre sainte religion et peu de temps après, avant de quitter Rome, il eut la consolation de lui donner le saint baptême, mais sous condition, suivant l'usage établi en France.

L'heureux néophyte retourna bientôt à Marseille en bénissant Dieu ; et à peine chez lui, il écrivit à son neveu qu'il l'attendait à dîner. M. l'abbé Margalhan se rendit à l'invitation un peu en tremblant, se demandant quelles impressions son oncle avait rapportées de son voyage.

Quand toute la famille fut réunie à table, M. de Long se tourna vers son neveu, et, choquant son verre contre le sien : « Henri, lui dit-il, je suis catholique », et il lui raconta ce qui s'était passé pendant son séjour à Rome. Cette révélation, à laquelle nul ne s'attendait, apporta sous ce toit chrétien une de ces joies que peuvent seules apprécier les âmes qui les ont goûtées.

Mais quel allelùia s'échappa du cœur de M. l'abbé Margalhan ! Car, si Mgr de Mazenod fut l'instrument dont la Providence se servit pour pour baptiser M. de Long, nous avons la douce confiance que les prières du neveu ouvrirent à l'oncle les yeux de la foi.

Un jour, le pieux abbé allait de Marseille à Aix en compagnie d'un membre de sa famille. Ils se trouvèrent dans la diligence avec un individu que M. Margalhan prit pour un pauvre honteux. Comment lui offrir une aumône ? Il lia conversation avec lui discrètement et avec cette bonté qui lui gagnait les cœurs ; puis, arrivé à Aix : « Il faut, lui dit-il, que vous me fassiez le plaisir de dîner avec moi. » L'inconnu accepta et fut présenté aux parents de M. Margalhan, désagréablement surpris, il faut le dire, d'avoir à l'héberger. Après le repas, le convive qui avait paru si importun se leva : « Ce que j'ai vu et ce que j'ai entendu, dit-il, m'a touché. La bonté et la charité de ce prêtre ont eu plus d'efficacité sur mon cœur que les plus beaux sermons. Il y a longtemps que j'ai abandonné la confession, et tous mes devoirs de chrétien, mais dès ce moment je vais revenir au bon Dieu. » Il tint parole, en effet, et persévéra.

Dès son entrée dans les paroisses M. Margalhan s'interdit de quitter son poste pour prendre des vacances, quoiqu'il eût pu le faire légitimement. La crainte qu'en son absence quelqu'un ne fût exposé à mourir sans sacrements, le faisait renoncer à quelques jours d'un repos bien mérité. Pendant les longues années de son ministère paroissial, il ne s'écarta jamais de cette ligne de conduite, sauf en 1841 où il fit le voyage de Rome pour étudier les constitutions des religieux Trinitaires et ce qui pouvait regarder la communauté qu'il se proposait de fonder.

III

Le 3 août 1828, M. l'abbé Margalhan fut installé en qualité de recteur dans la paroisse de Sainte-Marthe.

Puisque c'est là que doit s'écouler une grande partie de sa vie, il ne sera pas sans intérêt de faire connaissance avec le presbytère. C'était une vieille maison, dont le rez-de-chaussée se composait de deux pauvres pièces : la salle à manger, et la cuisine. Les amis de

M. Margalhan se sont longtemps souvenus de cette salle à manger, s'il faut lui donner ce nom, ayant pour tous meubles une large planche servant de table placée sur des tréteaux, un vieux canapé de paille recouvert d'un pauvre matelas, une huche pour le pain, comme on en a dans les campagnes, et quelques chaises empruntées à l'église. M. l'abbé Margalhan n'avait que quatre chaises à lui.

Il y avait dans sa chambre à coucher un mauvais lit, dont la couverture aux couleurs fanées était bien assortie par des rideaux, à fond bleu avec des flammes blanches, d'une étoffe ancienne. Mgr Fortuné de Mazenod dîna un jour dans cette pièce, la plus convenable du pauvre presbytère. Plusieurs personnes appartenant aux meilleures familles de la paroisse, MM^{mes} Strafforello, Gavoty, etc., étaient à table avec Sa Grandeur. En voyant ce pauvre lit, elles furent émues et s'inclinèrent pour en baiser la vieille couverture, en disant : « C'est le lit d'un saint ! »

Ce ne fut que bien plus tard, après la fondation du couvent, qu'il eut des rideaux de calicot à sa fenêtre, à l'occasion d'une visite de Mgr Eugène de Mazenod, parce que ses religieuses les lui firent sans l'avoir prévenu. Quand il vit ce *luxe*, il se mit les deux mains sur la tête : « Qu'avez-vous fait ! » dit-il à ses Filles ; « on va me croire riche, on va me croire un *monsieur.* » Il se résigna, non sans peine, à les garder, mais, à chaque personne qui venait le voir, il disait : « Vous voyez ces rideaux ? ils ne sont pas à moi. »

La viande ne paraissait sur sa table que le dimanche. Il laissait la pieuse fille qui le servait libre d'en manger tous les autres jours gras ; mais celle-ci ne voulut jamais profiter de la permission. Il pratiquait ainsi deux vertus à la fois : la mortification et la charité ; car, s'il se restreignait ainsi, c'était pour augmenter ses aumônes. Une de ses nièces a raconté bien des fois qu'ayant passé quelque temps chez lui, lorsque M. Margalhan arrivait au dessert, il lui disait: «Privons-nous de dessert en faveur des pauvres.» Elle n'osait pas répondre non, dit-elle, mais la privation de dessert, répétée à tous les repas, n'était pas trop de son goût, et, dès que M. Margalhan n'était plus là, elle mangeait, comme une enfant, sa part et celle de son oncle, ce qui n'empêchait pas celui-ci de la donner aux pauvres, sans s'apercevoir du petit larcin.

Quand ses confrères allaient le voir, ils disaient entre eux : « Qu'est-ce que Margalhan nous donnera à dîner ? Des pommes de terre, ou des haricots ? » C'était en effet son ordinaire.

Inutile d'ajouter que, comme à Cassis, comme à Mazargues, rien de ce qu'il possédait n'était à lui. Un jour c'était son matelas qu'il envoyait à une pauvre femme ; une autre fois, c'était la couverture de son lit qui allait réchauffer un malade dénué de tout ; c'était, à chaque instant, son linge de corps et ses draps qui passaient de son armoire dans les mains des nécessiteux. Sa servante venait lui dire quelquefois : « Monsieur le Curé, vous n'avez plus de draps. — Tant pis, répondait le saint prêtre, je n'ai pas d'argent. » Il fallait, pour subvenir aux besoins les plus pressants, que la brave fille eût la précaution de prélever quelque chose en secret sur la somme que son maître lui donnait pour les besoins du ménage. Ces traits se sont répétés cent fois, de telle sorte que Mme Margalhan, obligée de renouveler tous les ans le trousseau de son fils, finit par lui dire, en lui remettant une douzaine de chemises : « Je te les prête, fais bien attention qu'elles ne t'appartiennent pas, et que tu ne peux pas les donner. » Il lui en coûta d'obéir ; disons vrai, il resta incorrigible.

Sa charité avait des délicatesses charmantes. Une de ses paroisiennes était malade et avait besoin tous les jours d'un œuf frais C'était en hiver, et l'œuf n'était pas facile à trouver. Mais M. le curé avait une poule pondeuse, et chaque jour la fille de la malade venait au presbytère chercher l'œuf frais. Un jour, M. l'abbé Margalhan la rappela lorsqu'elle s'en allait : « Tenez, lui dit-il, ce n'est pas la peine que vous veniez tous les jours, il vaut bien mieux que vous emportiez la poule. » Et il la lui donna.

La charité du saint prêtre était tellement connue, que ses paroissiens ne furent pas étonnés lorsqu'ils en apprirent un nouveau trait. Un jour qu'il revenait chez lui après une course, il rencontre un pauvre qui se dirigeait vers Marseille. M. Margalhan n'avait que deux sous sur lui, il les lui donna, puis il échangea ses souliers contre les souliers du mendiant.

Celui-ci continua sa route.

Un habitant de Sainte-Marthe passait avec sa voiture ; le pauvre lui dit : « Il y a un prêtre qui m'a donné sa chaussure. Tâchez de le rejoindre, parce qu'il marche avec mes mauvais souliers. » Celui à qui cette prière s'adressait fut saisi de compassion et d'admiration, il pressa son cheval, atteignit M. Margalhan et l'invita à monter dans sa voiture. L'humble prêtre s'en excusa d'abord, dans la crainte que l'on ne s'aperçût de ce qu'il avait fait ; mais il fallut céder aux instances du brave homme ; et quand celui-ci lui dit, avec une innocente malice: « Monsieur le curé, vous avez de bien mauvais souliers ! » il s'empressa de détourner la conversation. Le voiturier auquel le fait était arrivé, rencontrant un jour une personne, amie des Sœurs Trinitaires, se dirigeant vers Sainte-Marthe, lui dit : « Vous allez dans la paroisse d'un saint. » Et il raconta le trait.

Une autre fois, revenant du village de Saint-Joseph, il se croisa avec un pauvre qui venait de Sainte-Marthe. Ceux qui les virent se dirent entre eux : « Voyons ce que M. le curé va faire ! » M. Margalhan, n'ayant pas d'argent, ôta encore ses souliers et les donna à ce malheureux ; puis il s'en alla chez lui en traversant les campagnes, sans se douter que sa charité avait eu des témoins.

Il était, paraît-il, coutumier du fait : la même

chose lui était déjà arrivée, lorsqu'il était vicaire à Cassis.

Le zèle de M. Margalhan pour le salut des âmes égalait sa charité. Dès les premiers jours de son ministère dans les paroisses de campagne, il avait compris que, pour y faire le bien, il n'avait pas à chercher des succès d'orateur, mais à s'inspirer de la simplicité évangélique. Ce n'est pas qu'il ignorât les lettres humaines, mais il les dédaignait comme inutiles à son humble ministère. Dans ses homélies, dans ses sermons, il se servait toujours de la langue provençale, comprise des riches comme des pauvres ; il aimait cette langue riche et sonore, non seulement à cause de ses beautés, mais surtout parce qu'elle était la seule familière aux habitants des campagnes. Que de fois, dans sa longue vie, il lui arriva de dire aux curés ses confrères et aux missionnaires : « C'est le français qui a perdu les paroisses ! Les trois quarts n'y comprennent rien, et l'instruction religieuse ne peut plus se donner. » Il était en cela de l'avis de Mgr Eugène de Mazenod, qui, dans ses tournées de confirmation, interrogeait en provençal les enfants de la campagne, et leur disait : « Répondez dans la langue que votre mère vous a apprise. » Il ne prêcha qu'une fois en français dans la paroisse de Sainte-Marthe : c'était le jour de la profession des premières religieuses de sa communauté ; le prêtre qui devait prendre la parole manqua, et, sur l'ordre de Mgr de Mazenod, M. Margalhan dut monter en chaire.

Il étudiait avec soin ses instructions, mais, étranger à toute vaine gloire et craignant de faire de la parole de Dieu la parole de l'homme, c'est surtout à la sainte oraison qu'il demandait les lumières dont il avait besoin pour instruire son peuple. Il cherchait le bien de ses auditeurs avant tout. Et comme il parlait à des gens de la campagne, il s'appliquait, par des comparaisons simples et familières, à se bien mettre à la portée de ses humbles auditeurs. Ce qui n'empêchait pas les propriétaires de sa paroisse et même les personnes étrangères qui venaient régulièrement assister à ses instrutions, de l'écouter avec le plus vif intérêt et de tirer le plus grand profit de ses catéchismes en provençal, qu'il parlait du reste très bien.

Le symbole des Apôtres, le *Pater*, les Sacrements, le commandements de Dieu et de l'Église, étaient ordinairement le sujet de ses instructions, aussi solides que pratiques. A l'issue des exercices, pour mieux graver dans l'esprit de ses auditeurs les grandes vérités de la Religion, il faisait chanter les cantiques provençaux qui en sont un abrégé. Dans ses catéchismes, il apprenait aux enfants, garçons et filles, à donner le baptême, les y exerçant l'un après l'autre ; il l'enseignait aussi aux mères de famille. Et l'une d'elles répondit, un jour avec orgueil, au curé d'une autre paroisse qui doutait de la manière dont elle avait baptisé un petit enfant en danger de mort : « Si nous savons baptiser ? Notre curé nous l'apprend ! » Et aussitôt, pour l'en convaincre, elle ajouta : » Voici comment j'ai fait », et elle joignit l'action aux paroles.

M. Margalhan regardait comme une chose capitale d'inculquer dans les âmes l'estime et l'amour du signe de la Croix. Pendant cinq ou six ans il consacra un grand nombre de sermons à instruire ses paroissiens sur le signe du chrétien, leur en apprenant la signification, la valeur et l'efficacité, et leur enseignant à le bien faire. Aussi, quand à l'époque du jubilé, des missionnaires furent appelés dans sa paroisse, ils lui dirent avec satisfaction qu'il y en avait peu où l'on fît aussi bien le signe de la Croix.

Dans ses instructions il insistait souvent sur la nécessité de l'aumône : « Vous autres, riches, disait-il, vous n'êtes que les trésoriers des pauvres, et, si vous ne leur faites pas l'aumône, c'est un vol dont vous vous rendez coupables à leur égard. » Il leur rappelait avec la même liberté sacerdotale leurs principaux devoirs ; et loin de s'en offenser, on les voyait tous, à l'issue de l'office, serrer la main de M. Margalhan et l'embrasser. Comment se seraient-ils, d'ailleurs, formalisés de quelque chose ? A l'enseignement par la parole M. Margalhan joignait la prédication, beaucoup plus efficace, de l'exemple, et, après avoir entendu ses paroles les plus énergiques, ses paroissiens disaient: « Nous ne pouvons pas nous fâcher ; ce que M. Margalhan dit, il le fait. »

Aucune congrégation n'existait dans la paroisse de Sainte-Marthe quand il y arriva ; il établit pour les hommes la congrégation de Saint-François Xavier et fit fleurir la Propagation de la Foi. Tous les ans la neuvaine de Saint-François Xavier, était suivie avec la plus grande édification, l'église était remplie, il y avait une instruction suivie des prières de la neuvaine et du salut du Saint Sacrement.

La congrégation des filles, qu'il établit sous le vocable de Sainte Rose de Lima, présentait le spectacle le plus édifiant. On les voyait assister chaque matin à la messe avant de se rendre à leurs travaux ; celles qui allaient en journée s'arrangeaient avec leurs maîtresses, de manière à les dédommager du léger retard que cet acte pieux apportait au commencement de leur travail. Elles se distinguaient, nous a-t-on dit, par une bonne et solide piété ; c'était la vraie dévotion qui voit Dieu en tout et s'efforce de lui plaire par l'accomplissement de la grande loi du travail et la fidélité au devoir. Pendant la retraite qu'elles faisaient chaque année, elles s'imposaient la pratique difficile du silence et savaient y être fidèles sans affectation au milieu de leurs devoirs habituels.

M. Margalhan s'appliquait surtout à les préserver de la vanité ; il leur en faisait voir les suites funestes, et ne pouvait pas supporter qu'elles portassent des rubans. « Vous croyez être bien parées avec ces beaux rubans, disait-il ; pensez-vous que c'est la bave d'un ver ? » Il obtenait d'elles cette simplicité dans les vêtements qui sied si bien à la jeune fille chrétienne.

Un jour de fête il en vit entrer une à l'église, vêtue d'une robe rose toute neuve qui lui allait très bien. Après l'office il la fit appeler et, d'un ton plus cérémonieux que d'habitude : « Bonjour, *Mademoiselle*, lui dit-il. Oh ! comme vous avez une belle robe ! » Pas un mot de plus. Mais l'accent avec lequel ces paroles étaient dites suffit pour faire pénétrer le reproche dans le cœur de la jeune fille. La robe ne servit pas deux fois ; quelques semaines plus tard, à la procession de la Fête-Dieu, on admirait deux charmants petit anges *vêtus de rose*, qui accompagnaient le Saint-Sacrement. C'étaient les deux frères de la jeune fille. La robe avait été transformée !

Sa sainteté reconnue lui donnait une grande autorité dont il se servait quelquefois pour reprendre ses paroissiens. Un dimanche, pendant qu'il prêchait, plusieurs jeunes gens entrèrent à l'église. « C'est maintenant que vous venez ! » leur dit-il. L'un d'eux se retourna pour sortir, et, dans la vivacité du mouvement, déchira son habit. « Bon, dit M. Margalhan, il te le faut ! » Le lendemain le jeune homme fit des excuses. Quelqu'un parlait-il dans l'église, après la messe pendant qu'il faisait son action de grâces, il rappelait sur-le-champ le respect dû au saint lieu ; et, comme nous l'avons dit plus haut, on ne s'en offensait pas.

L'instruction commencée en chaire se continuait partout, au saint tribunal d'abord, où M. Margalhan avait coutume d'interroger ses pénitents sur le catéchisme. Combien de fois le leur donna-t-il à apprendre avant de les absoudre ! Il n'oubliait pas non plus de leur rappeler la nécessité de la contrition ; et il n'aurait pas donné l'absolution sans avoir obtenu une réponse à cette question qu'il adressait toujours : « Êtes-vous bien résolu à mourir plutôt que de commettre un péché mortel ? »

Il n'est donc pas étonnant que la paroisse de Sainte-Marthe fût une des meilleures du diocèse, une de celles dont les habitants connaissaient le mieux leur religion et leurs devoirs. « A la manière nette et précise dont ils se confessent, dirent plus d'une fois des missionnaires, nous reconnaissons tout de suite les paroissiens de M. Margalhan. »

Partout où le saint prêtre rencontrait ses paroissiens, il leur rappelait leurs devoirs. C'était toujours cette question familière qui accompagnait son bonjour : « Les avez-vous dites ? »

Il s'agissait des prières du matin et du soir. Vieillard il se plaisait à adresser cette question à ses religieuses et même à des prêtres ; et de quel bon sourire il l'accompagnait alors ! Il y mêlait souvent d'autres recommandations. Un jour, il entendit un charretier jurer en conduisant ses chevaux : « Malheureux ! lui dit-il, pourquoi blasphèmes-tu ? Est-ce là ce que je t'ai appris ? — Mais, Monsieur le curé, mes chevaux ne veulent pas obéir. — Et toi, obéis-tu au bon Dieu quand tu blasphèmes son saint nom ? Comment ! tu n'écoutes pas le bon Dieu, toi qui as la raison, et tu veux que tes bêtes t'obéissent ? — C'est vrai, Monsieur le curé, dit cet homme en baissant la tête ; je ne jurerai plus. » Il tint parole. Quelque temps après, il rencontra de nouveau M. Margalhan. « Monsieur le Curé, dit-il, je ne jure plus et mes chevaux m'obéissent. »

Une autre fois c'était un voiturier qui travaillait le dimanche. « Est-ce donc là, lui dit M. Margalhan, ce que tu as promis le jour de ta première communion ? » Celui-là travailla encore les jours défendus, mais il ne put s'empêcher de rendre ce témoignage : « M. Margalhan m'a dit cela ; il a bien fait, et je l'aime beaucoup plus pour me l'avoir dit. » Aussi comme ces braves gens, faibles quelquefois, mais droits au fond du cœur, le saluaient avec plaisir quand ils le rencontraient, bien des années après qu'il eut quitté la paroisse.

Une autre fois encore, c'étaient plusieurs jeunes gens qu'il rencontra et à qui il demanda s'ils étaient fidèles aux promesses de leur première communion. « Monsieur le Curé, lui répondit l'un d'eux, je n'ai jamais oublié ce que vous nous avez dit, et je ne l'oublierai jamais ! »

M. Margalhan resta vingt-neuf ans curé de Sainte-Marthe. Il aimait ses paroissiens comme ses enfants et se plaisait à leur dire : « J'ai baptisé ton père, j'ai fait faire la première communion à ta mère, etc. » Il accomplissait à la lettre cette recommandation de saint Paul à son disciple. *(I Timoth.,* V, 1, 2*)* : « Avertis les vieillards comme tes pères, les jeunes gens comme tes frères, les femmes âgées comme tes mères, les jeunes comme tes sœurs, en toute chasteté. » Les paroissiens de M. Margalhan sentaient à chaque instant qu'ils étaient, de la part de leur pasteur, l'objet d'un dévouement sans égal : de là le respect avec lequel tous ses avis étaient reçus.

Lorsque quelques-uns étaient malades, il allait les visiter tous les jours, et il n'attendait pas la dernière extrémité pour leur administrer les sacrements : il lui suffisait qu'il y eût danger de mort. Bien souvent après l'extrême-onction, on voyait les malades guérir, en sorte que les paroissiens de M. Margalhan ne s'effrayaient plus quand il parlait des derniers sacrements, ils disaient : « Monsieur le Curé a peur qu'on ne meure, il veut hâter notre guérison. » Aussi, ils se confessaient très facilement.

Une personne malade mais non en danger de mort et ne pouvant par conséquent recevoir le saint viatique, désirait-elle faire la sainte communion, il se levait à deux ou trois heures du matin pour la lui porter. Autant il craignait de donner la sainte communion sans nécessité en dehors de la messe, autant il regardait peu à la fatigue quand il s'agissait d'empêcher qu'une âme ne fût privée de la visite de Notre-Seigneur.

Quand une mère allait remercier Dieu de la naissance d'un enfant, M. Margalhan ne voulait pas que la cérémonie des relevailles eût lieu avant dix et plus souvent avant onze heures du matin, afin d'épargner toute fatigue à la mère. Pour qu'elle pût assister à la messe, il la retardait en conséquence. Et quand la mère était arrivée à l'église, il lui envoyait une chaufferette si l'on était en hiver, et avait pour elle des attentions vraiment paternelles, dans la crainte qu'elle ne prît mal.

Il est à remarquer que la calomnie, qui se plaît à jeter de la boue sur la chasteté sacerdotale, respecta toujours l'austère vertu de M. Margalhan. On savait qu'il avait, comme Job, fait un pacte avec ses yeux pour ne regarder aucune femme ; on trouvait même qu'il poussait la prudence trop loin. Une femme venait-elle lui parler, il se tournait tellement de côté pour l'écouter et lui répondre, qu'il ne pouvait voir son visage. Une femme venait-elle le chercher pour un malade, il entrait à la hâte dans sa chambre et écoutait ce qu'elle avait à lui dire, sans lui permettre d'en franchir le seuil. Cette réserve s'étendait même aux petites filles jeunes encore ; jamais il ne se permit d'embrasser ses propres nièces même enfants ; il leur permettait seulement de lui baiser la main.

Plusieurs prêtres qui s'honoraient d'avoir connu M. Margalhan se sont plu à reconnaître dans cette extrême prudence une justification du choix que Dieu avait fait de lui pour établir une communauté de vierges. Nous allons voir bientôt dans quelles circonstances.

Quand il l'entreprit, il était encore curé de Sainte-Marthe : ce fut seulement en 1856 qu'il quitta l'administration de sa paroisse. Un de ses amis, le digne abbé Ruel, lui succéda.

CHAPITRE III

Fondation des Religieuses Trinitaires

I. M. Margalhan et les Religieux Trinitaires. — II. Fondation de la Communauté de Sainte-Marthe. — III. Ses commencements. — IV. Mme la Duchesse de Sabran.

I

Nous n'avons pas oublié qu'à Aix, M. Margalhan demeura quelque temps en pension chez le R. P. Donneau, ancien religieux Trinitaire. Or, voici ce qu'il écrivit plus tard sur son vénérable instituteur. Ces notes étaient destinées aux chroniques de la congrégation qu'il venait de fonder.

« C'était l'homme que la divine Providence
« avait destiné pour m'inspirer un grand
« amour envers l'Ordre de la Très Sainte Tri-
« nité. Il nous en parlait souvent. Le jour de la

« première communion il nous agrégeait à
« l'archiconfrérie de la Trinité, nous imposait
« le saint scapulaire, en laine blanche, orné
« d'une croix rouge et bleue ; et pour faire
« cette cérémonie il revêtait le saint habit de
« l'Ordre, qu'il avait conservé malgré la per-
« sécution. Ce saint habit et ce scapulaire
« firent une telle impression sur mon cœur
« d'enfant, que je ne les perdis jamais de vue ;
« pendant plus de vingt-cinq ans toujours ce
« saint habit et ce scapulaire se présentaient à
« mon esprit. La croix rouge et bleue, sa forme
« particulière surtout étaient toujours devant
« mes yeux plusieurs fois par jour ; mais, ne
« sachant point à quoi Dieu me destinait, je
« ne faisais point de cas de ces représenta-
« tions. »

Ailleurs, il ajoute :

« Etant très jeune lorsque je sortis de chez
« le R. P. Donneau, je fus privé du bonheur
« de recevoir le dit scapulaire, mais je sentis
« peu cette privation, car je ne savais pas
« trop alors ce que c'était. »

Cependant l'heure où les desseins de la Providence allaient se manifester était venue. La croix trinitaire allait de nouveau briller à ses yeux, en attendant que bientôt elle reposât sur son cœur. Et voici à quelle occasion.

Ferdinand VII, roi d'Espagne, fils de Charles IV, mourut en 1833. Il laissait par testament la couronne à sa fille l'infante Isabelle, sous la tutelle de Marie-Christine, sa mère, à l'exclusion de don Carlos (Charles V), son frère, préparant ainsi une longue guerre civile.

Les Isabellistes représentaient le parti du juste-milieu. C'étaient les plus nombreux. Don Carlos représentait la vieille monarchie. Le clergé séculier était divisé, mais la plupart étaient pour Isabelle. Les moines, au contraire, étaient tous pour don Carlos qui les favorisait. Ils affirmèrent publiquement leur opinion, un bon nombre s'engagèrent même dans l'armée de don Carlos qui, forte de plus de 60.000 hommes, s'avança sur Madrid. C'en était fait du trône d'Isabelle. Mais la trahison d'un des généraux vint faire échouer cette entreprise. L'armée fut dissoute, les religieux dispersés et les couvents fermés. Les moines, obligés de fuir, demandèrent un asile aux pays voisins, surtout à la France. Plusieurs religieux de divers Ordres arrivèrent à Marseille et se présentèrent au consul d'Espagne, lui demandant où ils pourraient se réfugier. Le consul avait entendu parler de M. Margalhan : « Il y a, leur dit-il, à Sainte-Marthe, un prêtre qui sait très bien l'espagnol et dont la charité est inépuisable ; adressez-vous à lui, il sera heureux de vous rendre service. » En effet, M. Margalhan les reçut avec joie ; il les installa dans sa propre maison comme si elle leur eût appartenu, et il n'eut rien qu'il ne partageât avec eux. Tout ce que la charité peut avoir de plus tendre et de plus délicat, il le déploya à l'égard de ces victimes de la persécution, qu'il vénérait comme des confesseurs de la foi, et qu'il consolait et encourageait comme s'ils eussent été ses enfants. Pendant plusieurs années, c'est-à-dire tant que l'expulsion dura, cette généreuse hospitalité ne se démentit point, et comme le nombre de ses hôtes allait toujours en augmentant, il arriva un moment où sa maison ne suffit plus. Il loua alors deux maisons dans le quartier, afin de pouvoir continuer à donner asile à tous ceux qui se présentaient.

M. Margalhan, quoique appartenant à une bonne famille, n'avait pas de fortune. Comment fit-il, avec des ressources bornées, pour subvenir aux besoins de tant de personnes ? C'est le secret de cette bonne Providence en qui il se confiait et qui ne lui fit jamais défaut. La parole de l'Evangile : *Donnez, et on vous donnera*, se réalisait pour lui à la lettre. Il faudrait en citer mille traits.

Une seule fois il se trouva en peine : il n'avait presque rien dans sa bourse ; peu de provisions et plus de douze religieux à nourrir. Que faire ? Il eut recours à la grande ressource des saints, il pria et il espéra en Dieu. Or, voici une visite à laquelle il était loin de s'attendre : un de ses amis arrivant de l'île Bourbon. « Mon cher, lui dit M. Margalhan étonné, qui t'amène ici ? — Tu ne devinerais jamais le motif de mon voyage, lui répond son interlocuteur, M. X*** ; je viens exprès pour me confesser à toi .» Après une longue conversation et la confession faite, M. X*** reprend : « J'ai des aumônes à faire, mais je suis étranger, et je ne connais presque personne ici ; tu sais mieux, toi, les besoins des pauvres : voilà six cents francs, fais-en ce que tu voudras ». A l'aide de ce secours providentiel, M. Margalhan put continuer son œuvre.

Le frère de Ferdinand VII, don Carlos, obligé de s'exiler aussi, passa à Marseille avec la reine son épouse ; il voulut voir M. Margalhan et le remercier lui-même de la charité qu'il avait exercée à l'égard de ses partisans ; il le reçut avec distinction et lui dit en français : « Monsieur l'abbé, je serais heureux de vous être agréable à mon tour : que souhaitez-vous de moi ? — Sire, répondit en espagnol l'humble prêtre, surpris et confus des éloges que les augustes exilés donnaient à sa charité, Votre Majesté m'a déjà accordé la plus grande récompense que je pusse souhaiter ; après l'honneur qu'elle m'a fait en daignant me permettre de la voir, je n'ai rien à désirer de plus. » La reine, écoutait, étonnée, elle se tourna vers le roi : « Jamais, lui dit-elle, jamais je n'avais entendu un Français parler si purement l'espagnol. »

M. Margalhan fut sensible à ce compliment royal, car, après le provençal, l'espagnol était sa langue préférée.

Parmi les religieux auxquels le curé de Sainte-Marthe avait donné l'hospitalité, se trouvait un Trinitaire qui, fuyant comme les autres la persécution suscitée à l'Eglise d'Espagne, se rendait à Rome. « Il me fit présent d'un scapulaire,
« dit M. Margalhan, dont nous nous bornerons
« souvent à reproduire les paroles dans le
« cours de ce récit, me reçut confrère de la

« Sainte Trinité avec quelques-unes de mes
« paroissiennes, et m'expédia de Rome la
« faculté d'agréger moi-même les fidèles à la
« céleste archiconfrérie. Peu de temps après,
« je fis demander au R. P. Crespo, procureur
« général des Trinitaires chaussés à Rome,
« l'érection canonique de l'archiconfrérie, mais
« il se crut obligé de rejeter ma prière, disant
« que c'était à mon évêque et non point à moi
« de faire cette demande. Dieu, qui avait ses
« vues, le permettant ainsi pour me faire con-
« naître l'Ordre réformé par le B. Jean-Baptiste
« de la Conception, dont il voulait établir l'ins-
« titut dans le diocèse de Marseille.

« En effet, peu de temps après je fis la con-
« naissance du R. P. Jean de la Sainte Trinité,
« religieux déchaussé qui me parla beaucoup
« de son Ordre et qui, allant à Rome, demanda
« à son supérieur, le R. P. Jean de la Visita-
« tion, l'érection canonique de la confrérie
« dans ma paroisse de Sainte Marthe. »

Voici, d'après le récit des fondatrices, comment se fit cette rencontre.

Un jour, M. Margalhan, appelé à Marseille pour un service funèbre, était en prière dans l'église de Saint-Ferréol ; un jeune prêtre étranger s'approche soudain et lui demande à se confesser. L'abbé Margalhan entend sa confession ; puis, lorsqu'elle fut finie, interroge son pénitent et apprend, non sans étonnement, qu'il a devant lui le R. P. Jean de la Sainte-Trinité, récemment arrivé d'Espagne à Marseille, chassé de sa patrie par la Révolution. La conversation se fit en espagnol. M. Margalhan invite le jeune religieux à venir à Sainte-Marthe, le presse de questions et entend prononcer pour la première fois le nom du B. Jean-Baptiste de la Conception, réformateur de l'Ordre. Il raconte à son tour l'insuccès de sa demande au R. P. Crespo : « Soyez tranquille, lui répond son interlocuteur, je m'en charge ; vous aurez bientôt tous les pouvoirs que vous souhaitez. »

L'effet suivit de près la promesse. Le 8 mai 1839, M. Margalhan reçut du R. P. Jean de la Visitation, alors définiteur et procureur général de l'Ordre, non seulement les pouvoirs qu'il désirait, mais encore un bref d'agrégation qui le faisait participer à tous les biens spirituels de l'Ordre comme s'il eût été religieux. Une correspondance intime s'établit entre ces deux âmes, bien faites pour se comprendre.

Le 22 octobre de cette même année 1839, le

R. P. Jean de la Visitation écrivait à M. Margalhan, devenu propagateur ardent de la confrérie de la Sainte Trinité :

« Rome, 22 octobre 1839.

« A mon retour dans cette capitale, après
« une absence motivée par une nouvelle fon-
« dation de notre Ordre, en la fête de votre Père
« saint Félix de Valois, j'ai trouvé une lettre
« de vous qui me comble de consolation ; car
« la confrérie de la Sainte Trinité prend de
« grands développements, et c'est l'effet du
« zèle qui vous anime pour le salut des âmes
« et la confusion des incrédules, si nombreux
« de nos jours.

« La lecture de ces détails m'a réellement
« attendri ; c'est l'œuvre de la main toute-
« puissante de Dieu qui veut renouveler dans
« vous l'esprit et le zèle de votre bon Père Jean-
« Baptiste de la Conception ; car ce bienheu-
« reux disait qu'il était dévoré du saint désir
« de répandre partout l'amour du mystère de
« la sainte Trinité. Je crois que Dieu veut se
« servir de vous pour la même fin. En me
« basant sur ce principe : que Dieu conduit
« tout avec sagesse, je tire cette conséquence

« légitime que le Seigneur qui vous pousse à
« cette grande mission, vous donnera le moyen
« de la remplir. N'est-ce point vrai? Comment
« expliquer autrement cette réunion si nom-
« breuse, formée en si peu de temps, d'âmes
« généreuses qui louent le Seigneur dans ce
« siècle de persécution générale contre la sainte
« Eglise? Soyons donc courageux pour réparer
« sans cesse les outrages dont on abreuve le
« Père tout-puissant et ne craignons pas les
« complots des méchants, car : *Non est consi-*
« *lium, non est potestas contra Dominum.*
« Je supplie le bon Dieu de vous continuer son
« divin secours pour surmonter toutes les diffi-
« cultés et pour mener à bonne fin l'entreprise
« de charité spirituelle que vous avez com-
« mencée pour le bien des âmes avides de la
« nourriture divine et en particulier pour tous
« ceux qui sont en agonie....

« Juan de la Visitacion. »

Il nous semble que cette lettre jette une lumière sur la vie de M. l'abbé Margalhan, et que ce parallèle entre le pieux curé de Sainte-Marthe et le B. Jean-Baptiste de la Conception nous explique à la fois sa mission et ses épreuves. Le R. P. Jean de la Visitation aimait à y revenir, comme sa correspondance le témoigne plus d'une fois.

La même lettre nous dit encore quels projets occupaient déjà M. Margalhan. Ce dut être à cette époque, et tout en les mûrissant dans son esprit, qu'il traduisit de l'espagnol la vie du B. Jean-Baptiste de la Conception, dont le couvent des Trinitaires de Sainte-Marthe possède une double copie, écrite tout entière de sa main. Ce travail atteste que, attentif seulement aux admirables exemples du bienheureux Réformateur, M. Margalhan dédaignait de polir et de ciseler son style. Dès lors comme depuis, son désir de passer pour un ignorant le portait à faire parfois peu de cas des exigences de la langue française.

En 1840 les projets de M. Margalhan commencent à se dessiner plus nettement. Nous le voyons dans une lettre du R. P. Jean de la Visitation :

« Je voudrais beaucoup, dit-il, que vous
« pussiez réaliser votre saint désir d'établir le
« couvent des oblates religieuses dans le but
« d'assister à l'heure de la mort les malades
« qui, faute de prêtres, sont abandonnés à la
« Providence divine. » *(4 janvier 1840.)*

Voici comment s'explique à ce sujet le pieux curé de Sainte-Marthe :

« Depuis longtemps, dit-il, je considérais
« que le sort des gens de la campagne était
« bien à plaindre en cas de maladie, pour le
« spirituel comme pour le temporel. Ce qui
« faisait le plus d'impression sur moi, c'était
« la pensée que, vu l'éloignement des habita-
« tions, bien souvent les pauvres malades
« n'étaient point assistés par le prêtre au
« moment suprême où ils vont paraître devant
« Dieu. Et que, d'autre part, ceux qui les entou-
« rent dans ce moment ne songent point à
« leur suggérer de bonnes pensées et à leur
« faire pratiquer des actes de vertus. Pour
« suppléer à ce défaut, j'eus la pensée d'éta-
« blir des religieuses qui, en donnant aux
« malades des soins charitables, leur suggére-
« raient de bons sentiments et suppléeraient à
« la présence du prêtre au moment de la mort
« si le ministre de Dieu était absent.

« J'avais dans la paroisse un assez bon
« nombre de jeunes personnes que je croyais
« appelées à l'état religieux. La sainteté de
« leur vie, le parfum de vertus qu'elle répan-
« daient autour d'elles, leur éloignement pour

« le monde ne faisaient que confirmer en moi
« cette pensée. Déjà plusieurs d'elles m'avaient
« fait part de leur désir de se consacrer à Dieu
« en religion.

« Il me sembla alors que le moment était
« arrivé de mettre à exécution mon projet.
« Cette pensée occupait uniquement mon
« esprit, même durant mes exercices de piété
« et la célébration de la sainte messe, notam-
« ment le jour de la Purification, anniversaire
« de la fondation de l'Ordre.

« Après avoir communiqué mes projets à
« des prêtres sérieux, mes amis, j'en fis part
« aux bonnes filles dont j'ai parlé plus haut.
« Elles accueillirent mes propositions avec joie,
« et j'eus alors quelque espérance de réussir.
« Dans le même temps, une autre jeune per-
« sonne (1) dont la piété était exemplaire me
« dit de prier pour elle, qu'elle désirait être
« religieuse, mais dans un couvent bien pau-
« vre. Je lui répondis que Dieu m'avait inspiré
« l'idée d'en fonder un moi-même, où elle trou-
« verait cette grande pauvreté qu'elle désirait ;
« ma proposition fut également acceptée

---

(1) Sœur M. A. de la Croix, première ministre générale.

« avec joie et je comptai dès lors une fonda-
« trice de plus.

« J'écrivis au R. Père général des Trinitaires
« à Rome, lui faisant part de tout ce qui se
« passait en moi ; et il me répondit que, tout
« bien considéré, après avoir consulté le Saint-
« Esprit dans l'oraison, il ne voyait dans tout
« ce que je lui exposais que l'expression de la
« volonté de Dieu. Je fis prier, je fis faire des
« neuvaines, des communions, je célébrai et
« fis célébrer des messes, pour connaître si
« c'était l'effet d'une illusion ou d'un zèle indis-
« cret ; je consultai des personnes dans le cas
« de me donner de bons conseils, entre autres
« le vénérable évêque de Mahon, Mgr Diaz-
« Mérino, homme d'une vertu et d'une science
« éminentes. Ce digne prélat, appartenant à
« l'ordre illustre de Saint-Dominique, me donna
« de grands encouragements ; et comme je le
« priais de s'unir à moi pour faire une neuvaine
« à cet effet, il daigna me dire qu'il m'accordait
« quarante jours d'indulgence pour chaque
« prière que je ferais pour cette neuvaine,
« ainsi qu'aux personnes qui s'uniraient à
« moi. »

En 1841, M. Margalhan alla à Rome. Nous

n'avons de ce voyage que la nomenclature des lieux vénérables et des sanctuaires qu'il visita, écrite au crayon sur des feuilles volantes, dont une partie a été perdue, et le catalogue des reliques qu'il rapporta de la Ville sainte. Mais nous savons que les religieux Trinitaires furent frappés de sa foi, de son attachement au Saint-Siège et de son extraordinaire modestie. Ils exaltaient sa grande charité à l'égard de leur Ordre, et furent d'autant plus heureux de le traiter en frère, qu'ils le regardaient comme un saint. Ce fut alors que le R. P. Jean de la Visitation, mort depuis en odeur de sainteté, lui dit ces paroles remarquables : « Don Henri, le bon Dieu vous a choisi pour rétablir en France, parmi les hommes, l'Ordre de la Sainte-Trinité. » L'humble prêtre était loin d'aspirer à une telle gloire ; toute son ambition — il l'a dit cent fois depuis — se bornait à procurer le salut de ses paroissiens, à l'article de la mort.

Les lettres du R. P. Jean de la Visitation nous apprennent que M. Margalhan rencontra plus d'un obstacle à la réalisation de ses modestes projets.

« Où en êtes-vous de votre fondation ? » lui

écrivait un jour le vénérable religieux. « Croyez-
« moi, l'enfer fera l'impossible pour empêcher
« cette création ; mais il importe de le vaincre
« par la prière et par la persévérance. C'est
« par la dévotion au mystère de la sainte Tri-
« nité que viendra le triomphe de la Religion
« dont l'objet principal est la dévotion à ce
« saint mystère. J'en suis de plus en plus con-
« vaincu. »

Et dans une autre lettre, datée du 5 décembre 1843 :

« Vous me parlez des grandes difficultés que
« vous rencontrez dans les œuvres de vos fon-
« dations ; pour moi, j'en conclus que ces
« œuvres sont l'œuvre de Dieu pour la gloire
« de la sainte Trinité et le bien des âmes. Or,
« le démon fera l'impossible pour en empêcher
« l'exécution. Mais Dieu, qui vous a aidé jus-
« qu'ici et qui conduit toutes choses pour le
« bien des âmes, saura vous communiquer
« son Esprit pour vaincre ces difficultés,
« qu'elles viennent du dehors ou du dedans.
« Ce n'est pas en vain qu'il vous a donné l'es-
« prit du B. Jean-Baptiste, prenez-le comme
« votre modèle dans les difficultés qu'il a ren-
« contrées pour l'établissement de la réforme. »

II

« Enfin, reprend M. Margalhan dans son
« récit, le temps paraissait arrivé de mettre la
« main à l'œuvre ; il fallait en parler à l'illus-
« trissime évêque de Marseille (1). Cette démar-
« che me coûta beaucoup ; le démon me per-
« suadait que je ne serais pas écouté, que
« Monseigneur regarderait ma proposition
« comme une rêverie, et qu'il n'y voudrait
« donner aucune suite ; aussi je ne pouvais
« me décider d'aller me présenter à lui. »

Dans une retraite pastorale, M. Margalhan s'ouvrit sur son projet à M. l'abbé Carbonnel, ancien curé de Mazargues. Celui-ci lui répondit d'abord : « Mon cher, à quoi pensez-vous ? » Mais le lendemain il vint à lui et lui dit : « J'ai réfléchi à ce que vous m'avez communiqué hier ; peut-être avez-vous raison. Il faut en parler à Monseigneur. »

« Monsieur le Curé de Mazargues me força
« à aller chez Monseigneur presque malgré
« moi, continue M. Margalhan ; car je puis

---

(1) Mgr Charles-Joseph-Eugène de Mazenod.

« dire littéralement qu'il me traîna et même
« qu'il me poussa dans l'appartement. Ce fut
« lui qui porta la parole. La proposition ne
« fut pas mal goûtée ; le pieux prélat me dit :
« Oui, mon cher curé ; mais quelles ressour-
« ces avez-vous pour une entreprise pareille ? »
Je lui répondis : « Monseigneur, j'en ai deux
« bien grandes : la divine Providence et la
« sainte pauvreté. » Cette réponse fit impres-
« sion sur l'illustre prélat, et incontinent il
« m'autorisa à mettre la main à l'œuvre.
« C'était au mois de septembre 1844. »

A partir de cette époque, M. Margalhan allait souvent à l'évêché, recevant chaque fois de Mgr de Mazenod une parole d'encouragement. Mais le vénérable évêque, fondateur lui-même, des Oblats de Marie-Immaculée, était à peu près le seul approbateur de M. Margalhan. Dès que l'intention du saint prêtre fut connue, plusieurs parmi le clergé blâmèrent son entreprise : « A quoi pensait-il ?... Cela ne durerait pas trois mois.... », etc. Sans se décourager, M. Margalhan préparait son œuvre. Les fondatrices se réunissaient tous les lundis, aux heures où il n'y avait personne à l'église, il les présidait, leur expliquait la règle qu'elles allaient embrasser, les instruisait des devoirs du genre de vie auquel elles se destinaient, les formait aux pratiques de piété et d'humilité en usage dans les communautés religieuses.

Parmi ses confrères, il y en eut qui parurent vouloir lui donner des sujets. Mais c'étaient des personnes que des devoirs impérieux retenaient dans le monde, et qui manifestement n'avaient aucune vocation à l'état religieux. Aussi elles vinrent plusieurs fois assister aux instructions de M. Margalhan ; puis un jour elles se retirèrent, et le fondateur s'entendit dire une fois de plus que son projet était une folie.

Ce fut dans ces circonstances que M. Margalhan fit une belle réponse, digne d'un François d'Assise : « Vous me recevez que des filles pauvres, lui disait-on, avec quoi les nourrirez-vous ? » Le vertueux prêtre, à qui sa foi donnait d'autres lumières, répondit : « Quand Notre-Seigneur choisit ses Apôtres, il ne leur demanda pas de dot, il leur dit : *Suivez-moi !* »

Appuyée sur le fondement inébranlable de la pauvreté et de la Providence, l'œuvre de M. Margalhan devait réussir.

Cependant les obstacles semblaient insurmontables. Il fallait une maison. M. Margalhan chercha en vain à en louer une dans le quartier ; les uns ne pouvaient pas, les autres ne voulaient pas ; on ne croyait pas au succès de son entreprise. Un seul consentit ; mais il s'agissait d'une maison isolée sur un grand chemin où la prudence défendait d'établir une communauté de vierges chrétiennes.

Au milieu de ces difficultés, M. Margalhan ne faisait rien sans avoir pris conseil, et le R. P. Jean de la Visitation, devenu ministre général de l'Ordre, lui donnait des encouragements qui ne conviennent qu'aux âmes humbles et solidement affermies en Dieu :

« Vous commencez par louer une maison —
« lui écrivait-il le 4 décembre 1844 ; — non
« seulement cette maison deviendra un vérita-
« ble monastère, mais encore la pépinière
« d'une foule d'autres maisons, avec l'aide de
« nos saints fondateurs qui commencèrent
« d'abord par leur pays et qui virent s'étendre
« partout les rameaux de l'arbre qu'ils avaient
« planté. Toutefois attendez-vous à un déluge
« de persécutions, d'entraves, de calomnies,
« car le démon a juré de faire l'impossible pour

« détruire notre maison avec son culte à la
« sainte Trinité ; mais *Non est consilium,*
« *non est potestas contra Dominum.* »

Au moment où tout espoir semblait perdu de trouver un local convenable, la Providence y pourvut.

« Rose S*** — c'est M. Margalhan qui
« parle — désirait faire partie des jeunes per-
« sonnes qui devaient embrasser le saint ins-
« titut des Trinitaires. Sa mère voyait de mau-
« vais œil son projet, et cherchait à l'en détour-
« ner. Une occasion lui parut favorable, elle
« en profita. Mais les desseins de Dieu sont
« inconnus aux hommes ; ce fut précisément
« la démarche qu'elle fit qui donna lieu à l'ar-
« rangement de toutes les difficultés. »

Elisabeth M***, aujourd'hui Sœur Elisabeth du B. Jean-Baptiste de la Conception, était au nombre des postulantes. Cette pieuse fille étant auprès du feu avec son père, la mère de Rose S*** dit à M. M*** : « Vous savez que M. Margalhan veut fonder un couvent ? On dit que votre fille veut y entrer. — Cela me fait bien plaisir, répondit le père chrétien, qui ignorait encore les projets de sa fille. — Mais, ajouta cette femme, M. Margalhan ne trouve pas de maison.— Eh bien, dit-il, je lui donnerai ma maison et ma fille et j'irai loger aux Bessons ; il me suffit que ce soit pour le bon Dieu et que cela fasse plaisir à M. Margalhan. »

Quand cette femme se fut retirée, M. M*** eut avec sa fille un entretien dans lequel, après lui avoir tenu le langage que la sagesse et la foi peuvent mettre sur les lèvres d'un bon père dans une affaire aussi grave, il lui renouvela son approbation et sa promesse.

C'était la veille de Noël. L'heureuse Elisabeth courut faire part de cette bonne nouvelle au saint prêtre. Tout fut bientôt réglé. M. Margalhan eut une entrevue avec M. M*** ; il fut convenu que la maison du bon cultivateur serait convertie en couvent provisoire, et la chambre d'Elisabeth en chapelle ; et la fondation fut fixée au 3 février de l'année qui allait s'ouvrir (1845).

La famille d'Elisabeth se montra digne de son chef. Un ami de M. Margalhan, l'un de ceux qui traitaient son œuvre de témérité, dit un jour aux fils de ce patriarche : « Vous ne voyez pas que votre sœur donnera tout à son couvent ? — Eh bien ! répondirent-ils, si elle le prend, nous le lui donnons. » Et pendant cinq ans, ils virent leur père non seulement prêter sa maison, mais encore fournir aux nouvelles Trinitaires le bois, le vin et l'huile et donner une fois deux mille francs à M. Margalhan, sans que cette générosité leur parût exorbitante.

Cependant le 3 février était arrivé. Vêtues de leurs robes blanches, les six fondatrices, — la septième (1), alors malade, n'en put faire partie et n'entra que plus tard, — se rendirent à l'église d'où, après avoir entendu la sainte messe, elles furent conduites processionnellement à leur nouvelle demeure.

M. Margalhan entra d'abord seul et ferma la porte ; puis, quand elles eurent frappé, il il leur demanda ce qu'elles désiraient : « Servir Dieu et les pauvres dans l'Ordre de la Très-Sainte Trinité », répondirent-elles. Alors il leur ouvrit, bénit la maison et les y installa. Tous ceux qui les avaient accompagnées, la plupart leurs parents ou leurs amis, se retirèrent en versant des larmes d'attendrissement et d'admiration.

Le grand pas était fait. Pendant cette céré-

---

(1) Adèle Monboucher, depuis Sœur M. A. de la Croix.

monie M. Margalhan et les fondatrices avaient éprouvé une consolation intérieure qui leur indiquait sûrement la volonté et la bénédiction de Dieu. C'était donc en vain que le démon avait multiplié les obstacles matériels ; c'était en vain aussi qu'il avait essayé d'empêcher la fondation, sous le prétexte spécieux d'une plus grande piété et d'une plus haute perfection qu'il montrait dans d'autres voies ; ses illusions avaient été démasquées ; vaincu, il laissa les postulantes à leur première ferveur et se retira pour un temps.

III

Le récit de M. Margalhan nous permettra de les suivre dans leur nouvelle vie.

« La maison étant fort petite, on choisit
« encore une toute petite chambre pour servir
« de chapelle ; un petit autel en bois y fut
« placé, et M. Jeancard, vicaire général, permit
« d'y célébrer la sainte messe durant quinze
« jours ; cette permission fut accordée défini-
« tivement par Monseigneur l'Evêque. Le
« dénuement le plus absolu faisait tout l'orne-

« ment de ce nouveau sanctuaire, qui repré-
« sentait bien l'étable de Bethléem. »

La pauvreté de ces premiers commencement fut extrême. Il n'y avait dans la maison que six chaises ; les six postulantes les transportaient d'un lieu à l'autre pour leurs différents exercices. Souvent, au moment de préparer leur modeste repas, l'huile leur manquait ; elles ne devaient le bois — nous l'avons dit — qu'à la charité du père d'Elisabeth qui leur permettait d'en ramasser dans sa propriété. Pendant tout le premier carême, leur collation se composa invariablement de salade sauvage recueillie dans la campagne.

Ce fut pendant ce carême qu'Elisabeth M*** soigna leur première malade dans la paroisse. La malpropreté de la maison où elle fut envoyée en égalait la pauvreté ; après toutes ses fatigues et une matinée de jeûne, la garde-malade avait pour son repas principal... un oignon! et cela tous les jours. Elle ne se plaignait pas ; à la fin cependant, une personne du voisinage s'en aperçut et s'offrit à la nourrir. M. Margalhan souffrait trop des privations de ses Filles pour ne pas y consentir aussitôt.

Un mot suffira pour peindre la ferveur de

ces commencements : « *Nous étions contentes dans ce temps-là,* disait un jour une des fondatrices après avoir raconté ce qui précède, *rien ne nous manquait!* » Cette parole n'a pas besoin de commentaires.

Quant à M. Margaïhan, lui qui s'était toujours privé de tout pour les pauvres, que ne faisait-il point pour ses Filles ! Non content de les encourager dans la voie de sacrifices où elles étaient entrées, il les aidait autant que cela était en lui ; et chaque matin avant sa messe elles étaient sûres de le voir arriver pour s'assurer qu'elles ne manquaient pas du nécessaire. Quand il avait reçu quelque chose pour elles, du pain par exemple, il accourait tout joyeux, son pain sous le bras, pour être témoin de leur joie.

Il ne voulait point que dans le trajet, assez long, de leur maison à l'église, leurs mains fussent oisives ; elles marchaient silencieuses tout le long du chemin en tricotant des bas ; et la vénérée Mère M. A de la Croix a raconté l'embarras où elle se trouva lorsque pour son premier essai elle fut chargée d'une paire de bas fins. « L'obéissance m'aida, disait-elle ; j'en vins à bout plus facilement que je ne l'aurais cru. »

Bientôt après, les Filles de M. Margalhan furent appelées auprès d'un second malade. L'élan était donné, la confiance était venue ; on ne pensait plus à rire d'elles comme on l'avait fait maintes fois ; on commençait à convenir que M. Margalhan avait fait une œuvre utile.

« Enfin — dit M. Margalhan — le 15 juin 1845,
« Mgr l'Evêque, accompagné de M. Jeancard,
« vicaire général, et du R. Père Aubert, supé-
« rieur du Calvaire, se rendit à Sainte-Marthe
« pour donner le saint habit aux six postulan-
« tes, dans l'église paroissiale, qui avait été
« ornée avec toute la magnificence possible
« dans une paroisse de campagne, où les res-
« sources sont si bornées. Dès le matin l'église
« était envahie par la population avide d'as-
« sister à une cérémonie qu'elle croyait avec
« raison devoir être imposante. La congréga-
« tion des filles de Sainte-Marthe, vêtues de
« blanc, se rendirent à la maison des préten-
« dantes et les accompagnèrent à l'église. La
« cérémonie commença vers huit heures du
« matin ; les postulantes, vêtues de blanc, se
« placèrent devant la sainte table, leurs par-
« rains et marraines étaient derrière elles ;

« venaient ensuite les congréganistes, puis le
« peuple. Le chœur de l'église était envahi
« non seulement par les hommes, mais par les
« femmes aussi. Le Père Aubert, oblat, prêcha
« le sermon de vêture, dans lequel il exhorta
« les postulantes au dévouement et à la par-
« faite abnégation d'elles-mêmes et à ne
« rechercher que Dieu dans leur sacrifice ; leur
« prédisant (avec beaucoup de raison) qu'elles
« devaient tout attendre de Dieu, mais rien
« des hommes, si ce n'est des mépris et des
« ingratitudes. La cérémonie se fit au milieu
« d'un silence solennel, qui indiquait bien l'in-
« térêt général qu'y prenait toute l'assistance.
« Après la cérémonie elles assistèrent à un
« dîner qui leur était offert par les marraines,
« dans le presbytère. Le soir, pleines de joie,
« elles rentrèrent dans leur couvent provisoire,
« accompagnées des congréganistes, d'une
« foule de personnes de la paroisse et d'un
« grand nombre d'étrangers. Tout se passa
« avec un ordre admirable.

« Avant de prendre congé de Monseigneur
« l'Evêque, la Sœur présidente demanda au
« digne prélat l'insigne faveur d'avoir la sainte
« Réserve dans la petite chapelle de la maison,

« permission que Sa Grandeur accorda avec
« sa bonté ordinaire. »

Un petit incident montre bien que M. Margalhan ne croyait pas fonder une congrégation. Son ambition ne s'était pas élevée jusqu'à former des *religieuses*, il voulait faire de ses Filles des *oblates* agrégées à l'Ordre de la Sainte Trinité. Pendant la cérémonie de vêture, il dit à Mgr de Mazenod : « Monseigneur, ce seront des Tertiaires. — Non, répondit le prélat à haute voix, de manière à être entendu de tous les assistants ; je veux que ce soient des religieuses et qu'elles fassent des vœux. »

Mgr de Mazenod vint un jour les voir, et les encouragea dans leur pauvreté. « Au commencement, leur dit-il en parlant de sa fondation des Oblats de Marie-Immaculée, nous n'avions pas d'autel, nous disions la messe sur un tonneau. » Dans la maison qui fut le berceau de la communauté de M. Margalhan, le saint Sacrifice était célébré sur une pauvre table !

Ici, M. Margalhan raconte quelques-uns des traits nombreux qui lui montrèrent maintes fois avec quelle sollicitude la Providence veillait sur son œuvre. Tantôt c'est une somme

d'argent qui lui permet de payer la pièce de drap qu'il vient d'acheter pour la prise d'habit des novices ; tantôt une provision de savons qu'elles trouvent à leur porte ; une autre fois c'est un ciboire ou une lampe pour le Saint-Sacrement ; ou bien le don de quarante francs, somme énorme pour leur pauvreté, qui leur permet d'acheter une chèvre et d'avoir dorénavant pour leur déjeuner de la tisane d'orge coupée avec du lait. Après avoir cité ces traits de Providence choisis entre cent autres, M. Margalhan ajoute : « Qu'il avait bien raison, le
« saint roi David, lorsqu'il disait que Dieu
« pourvoit toujours aux besoins de ceux qui
« le craignent : *Escam dedit timentibus se.* »

Saint Jean de la Croix a écrit, dans ses lettres spirituelles :

« Dieu ne veut point d'âmes faibles, ni déli-
« cates, ni amoureuses d'elles-mêmes ; mais
« il en veut de fortes, de mortifiées, pleines
« d'une sainte haine d'elles-mêmes pour dévo-
« rer les difficultés des premiers établisse-
« ments. C'est pourquoi il leur donne alors de
« si grands secours, que, si peu qu'elles
« aient d'application, elles font de grands
« progrès en la vertu. »

Nos fondatrices ont montré jusqu'à présent la force, l'humilité, la généreuse abnégation demandées par saint Jean de la Croix. Il semble que M. Margalhan soit au comble de ses vœux : l'habit céleste a reparu sur la terre de France, tel qu'il fut apporté par l'ange à saint Jean de Matha, tel que la Vierge Marie et les anges le portèrent dans leur célèbre apparition à saint Félix de Valois. A tous les cœurs qui s'en feront une cuirasse, il procurera *une augmentation de foi, d'espérance et de charité* (1) ; ses Filles l'auront sur leur poitrine comme un acte permanent d'adoration et d'amour à l'auguste Trinité, comme une perpétuelle protestation contre tous les blasphèmes, en même temps que par leur ministère de charité elles arracheront des âmes à l'enfer... L'âme si fervente de M. Margalhan doit jouir d'un bonheur sans mélange !...

Détrompons-nous. Nulle œuvre ne vient de Dieu, qu'elle ne soit marquée du sceau de la croix ; et plus elle est sienne, plus la croix, c'est-à-dire l'épreuve en permanence, lui est donnée pour caractère distinctif. Cette béné-

---

(1) *Rituel de l'Ordre.*

diction ne devait pas être refusée à la jeune communauté. Tous les orages se déchaînèrent contre ces quelques vierges, humbles et obscures, qui passaient en faisant le bien ; toutes les tentations de l'enfer se réunirent pour les arracher à leur vocation et les décourager en lassant leur patience ; elles redoublaient de violence à chaque réception d'une nouvelle postulante, à chaque prise d'habit qui se préparait, et il y eut bien des heures où tout, humainement, semblait perdu.

M. Margalhan lutta par la pénitence et la prière ; ses Filles, par l'humilité et l'obéissance. Comme il fut réconforté, dans toutes ces épreuves du commencement, par le R. P. Jean de la Visitation, homme rempli de l'Esprit de Dieu !
« Je vois, lui disait-il dans sa lettre du 20 octo-
« bre 1845, que votre âme est abreuvée
« d'amertume ! La guerre que le démon a
« déclarée à l'œuvre de Dieu est terrible ! Sans
« doute, je suis touché de compassion pour
« vos Filles et mes Sœurs, mais je me console
« en pensant que Satan, jaloux de la gloire de
« la sainte Trinité, renouvelle contre vous les
« artifices diaboliques dont il usa pour empê-
« cher la réforme établie par le Bienheureux

« Jean-Baptiste... Ce fut en vain, l'ange de
« ténèbres fut confondu ; il en sera de même
« pour cette nouvelle fondation. »

« Les persécutions de l'ennemi de notre salut
« ne nous ont pas manqué, dit quelque part
« M. Margalhan ; malgré toutes les ruses dont
« il s'est servi, malgré tous les embarras qu'il
« a suscités, la bonté de Dieu nous a soute-
« nus, et l'esprit malin en a été pour sa honte
« et pour la rage qu'il n'a pu assouvir. Dieu
« étant pour nous, qui aurait pu être contre
« nous ? »

Le 24 octobre 1847, les six fondatrices, préparées par leur laborieuse probation, firent leur profession entre les mains de Mgr de Mazenod, ainsi que trois novices entrées après elles, mais dont l'année réglementaire était accomplie. Le 21 décembre suivant, le R. P. Jean de la Visitation adressa à M. Margalhan un bref qui l'autorisait à fonder dans toute la France des couvents semblables à celui de Sainte-Marthe et les incorporait tous, présents et à venir, à l'Ordre de la Sainte Trinité, avec participation à tous les privilèges et indulgences dont il jouit.

Cette faveur lui fut renouvelée, avec les précédentes, par le R. P. Joseph de la Sainte Trinité, dans un bref en date du 19 mai 1852.

En 1848, la petite communauté quitta la maison que la charité de M. M*** lui avait prêtée. Grâce aux soins de M. Margalhan et à la bénédiction de la Providence, elle put avoir un couvent à elle, pauvre, petit et simple, avec une chapelle et une petite maison attenante, destinée au Père qui avait jusque-là exercé le ministère paroissial, mais qui le quitta en 1856, pour s'occuper exclusivement de ses Filles.

M. Margalhan rencontra dans cette entreprise les plus honorables sympathies. Sans parler du vénérable M. Aubert, son oncle, qui en une seule fois lui donna dix mille francs; M. l'abbé Audric, curé aux Aygalades, M. l'abbé Savornin, ancien curé de Saint-Joseph, M. Long et les familles Hains, Rebuffat, Strafforello, Mouren, Gavoty, Margeret, Benausse, Isnard, Savine, Arnaud, Sallony, Roudier, de Candolle, Olive, Falque continuèrent à l'aider comme ils l'avaient fait dès 1845; et ce fut en grande partie grâce à eux que M. Margalhan put voir la chapelle achevée sans avoir contracté une seule dette.

Nous avons eu occasion plusieurs fois de

remarquer l'intérêt que Mgr de Mazenod portait à l'œuvre de M. Margalhan. Fondateur lui-même, il était plus que personne capable de l'apprécier, et il avait le pieux curé de Sainte-Marthe en grande estime, — ce qui ne l'empêchait pas d'avoir avec lui de temps à autre quelque petite discussion. Voici invariablement ce qui arrivait. Mgr de Mazenod soutenait son opinion avec sa vivacité méridionale; M. Margalhan défendait la sienne avec une respectueuse liberté. Ce moment passé faisait place aux regrets : M. Margalhan craignant d'avoir contristé son Evêque, et l'Evêque se reprochant d'avoir affligé le prêtre qu'il appelait : « *la fleur de son clergé* ».

Un jour (1853), Mgr de Mazenod administrait le sacrement de Confirmation dans la paroisse des Aygalades, et M. Margalhan avait dû y conduire les enfants de Sainte-Marthe. Dans l'entrevue qui suivit, Monseigneur défendit à M. Margalhan d'envoyer ses religieuses à Marseille pour soigner les malades. Le pieux fondateur comprenait la pensée de son Evêque : il y a bien des dangers dans les grandes villes ; il est facile à une Sœur garde-malade d'y voir diminuer l'esprit de recueillement et de mortification de son saint état ; et d'ailleurs, ces dangers n'eussent-ils point existé, le nombre des Sœurs était trop petit. Mais, d'autre part, les familles qui l'avaient aidé le plus en tout temps et qui avaient jusque-là soutenu puissamment son œuvre, habitaient Marseille une partie de l'année ; fallait-il leur refuser les soins d'une Sœur, se faire taxer d'ingratitude, s'aliéner le cœur des bienfaiteurs ? Et alors, que deviendrait l'œuvre ? Comment les religieuses, qui non seulement ne recevaient aucune rétribution des familles pauvres, mais encore étaient obligées souvent de donner du leur, feraient-elles pour se soutenir, pauvres comme elles l'étaient ?... M. Margalhan, sans doute, était habitué à se priver de tout pour sa communauté, mais il n'était pas riche, ses sacrifices personnels seraient toujours insuffisants, et il avait besoin des riches pour soigner les pauvres..... M. Margalhan fit valoir toutes ces raisons, mais en vain. Voyant que son Evêque maintenait sa défense, il lui dit : « Monseigneur, puisque vous voulez que j'agisse de la sorte, il me semble qu'il vaut mieux que vous mettiez quequ'un à ma place. — Eh ! qui voulez-vous que je mette à votre place, mon cher curé, puisque c'est vous que Dieu a choisi ? » répliqua l'Evêque ; « je ne puis pas défaire ce que le bon Dieu a fait. » Ils se séparèrent là-dessus, et M. Margalhan, l'âme un peu triste, retourna à Sainte-Marthe. Quelque temps après, un des grands vicaires, M. Tempier, vint lui demander une Sœur pour soigner un membre de sa famille, malade. « Je ne le puis, dit M. Margalhan avec fermeté et respect, Monseigneur me l'a défendu. » Mais cette démarche de son supérieur, dont les désirs étaient des ordres à ses yeux, ne fit qu'augmenter sa peine. Il lui fallait donc, quoi qu'il fît, contrister ceux dont il regardait la volonté comme celle de Dieu même !

Cependant il garda le silence, et ne se permit aucune insistance auprès de Mgr de Mazenod. L'Evêque, qui avait la mesure de sa vertu, admira sa résignation. A quelque temps de là, étant à la campagne à Saint-Louis, il fit appeler M. Margalhan. Celui-ci obéit de suite, mais non sans une certaine crainte et en se demandant si quelques reproches ne l'attendaient pas. Il entre cependant, plusieurs prêtres étaient réunis et Monseigneur était avec eux. Le prélat se lève, va à la rencontre de

M. Margalhan, l'embrasse, le retient à dîner et le comble d'amitiés pendant tout le repas où il voulut l'avoir à son côté... puis, au dessert, et sans que le curé de Sainte-Marthe eût fait la moindre allusion à leur dernier entretien, il l'autorise à envoyer ses religieuses en ville.

IV

M. Margalhan fit donc construire une modeste maison pour ses religieuses et une chapelle. Un riche et généreux propriétaire, M. Armand, connu non seulement par sa rare intelligence pour les affaires, mais encore par la libéralité de ses dons, voulut donner l'autel.

Devant la maison s'étendait un petit enclos, et c'était tout. Bientôt le pieux fondateur conçut des craintes qui n'étaient pas dénuées de fondement. Le terrain avoisinant était en vente, et la communauté était exposée à un voisinage très incommode, si le futur acquéreur y faisait bâtir. Il n'y avait qu'une ressource : l'acheter... Mais comment acheter, quand on est pauvre ? En vain M. Margalhan, après une fervente neuvaine à Saint-Joseph, envoya deux de ses religieuses au propriétaire ; en vain les messagères exposèrent la situation avec sincérité et naïveté : « Jugez, Monsieur, lui disaient-elles, comme il serait désagréable pour nous de ne pouvoir ouvrir une fenêtre ni mettre le pied au jardin sans être surveillées, ou d'entendre à côté de nous des cris, des chants, des conversations mondaines à l'heure du recueillement et de la prière ! Notre Père n'a pas d'argent, c'est vrai, mais la divine Providence ne lui a jamais manqué. » Le propriétaire, ordinairement très poli, leur répondit un peu sèchement : « Je ne veux pas vendre ; du reste, M. Margalhan doit se contenter de ce qu'il a, sans en désirer davantage. » Après cette réponse, M. Margalhan fit faire une seconde neuvaine, puis une troisième, espérant toujours que saint Joseph arrangerait l'affaire. Le propriétaire cependant ne s'adoucissait pas, et la troisième fois qu'il reçut la visite des religieuses Trinitaires, il les accueillit moins bien encore que la dernière fois : « Vous avez trop de prétention, leur dit-il ; quand on n'a pas d'argent, on ne parle pas d'acheter. » M. Margalhan ne se décourageait pas pour si peu ; il savait que la prière de la foi obtient tout : « Si vous nous obtenez ce morceau de terrain, dit-il, à saint Joseph, je fais vœu d'y construire un petit oratoire en votre honneur. » Et, ses intérêts ainsi remis entre les mains de son céleste Pourvoyeur, il attendit.

Or, à la même époque, une de ses religieuses soignait à Marseille une pauvre femme que Mme la duchesse de Sabran-Pontevès vint un jour visiter. Heureuse autant que surprise de cette rencontre, elle interroge la Sœur : « A quel Ordre appartenez-vous, dit-elle ? Quel est le but de votre institut ? Depuis quand existe-t-il ? Qui en est le fondateur ? »

La réponse à toutes ces questions excite de plus la curiosité de la pieuse duchesse ; elle veut voir le prêtre qui a créé une si belle œuvre, le féliciter, le remercier au nom des pauvres. Elle vient donc à Sainte-Marthe. La simplicité de cet humble prêtre lui paraît si grande, et l'extrême pauvreté des religieuses si enviable, qu'elle reste sous le charme et qu'elle se promet d'y revenir, et même d'y vivre et d'y mourir, si Dieu le veut. Cependant, comme elle avait encore sa mère, elle dut imposer un délai à son fervent désir.

Bientôt elle apprend que la propriété tout entière de M. X*** est en vente ; sans même se donner la peine d'aller la visiter, elle charge son homme d'affaires de l'acheter. Dans l'intervalle, Mme de Pontevès était morte, et M. Margalhan eut la pensée d'inviter Mme de Sabran au service funèbre qu'il célébrait pour sa mère. Elle vint en effet ; et dès qu'elle eut mis le pied sur le seuil de la chapelle : « Voici le lieu de mon repos, dit-elle... Mon Dieu, je viendrai... »

Après la messe, elle pria M. Margalhan et les Sœurs de faire avec elle le tour de sa nouvelle propriété qu'elle n'avait pas encore vue, et dont le pieux fondateur ne savait pas qu'elle eût fait l'acquisition. Arrivée près du morceau de terrain que les Trinitaires avaient en vain demandé d'acheter : « Monsieur l'Abbé, dit-elle, ceci vous appartient, faites-le cultiver comme il vous plaira. » Quelles actions de grâces montèrent vers saint Joseph ce jour-là ! Le céleste Pourvoyeur avait tout conduit, car Mme de Sabran ignorait les prières et les démarches qui avaient été faites à ce sujet, et pas un désir n'avait été exprimé à la pieuse duchesse. Fidèle à son vœu, M. Margalhan fit construire, en l'honneur du chef de la sainte Famille, l'oratoire que l'on voit encore.

Mme de Sabran s'empressa de se faire bâtir une maison dans sa nouvelle propriété, et dès qu'elle fut prête, elle vint s'y établir afin de mûrir mieux et en pleine connaissance de cause son dessein d'être Trinitaire. Son confesseur, M. le chanoine Mauran, qui recevait les confidences de cette famille, crut prudent de la faire attendre. « Si vous voulez être religieuse, ajouta-t-il, il convient d'en parler à Mgr de Mazenod. L'évêque de Marseille, consulté, fut tout surpris de cette décision, Il crut au premier abord que la vocation de Mme de Sabran était plutôt de rester dans le monde. Elle était arrivée à un âge où, malgré la ferveur et la bonne volonté, on supporte difficilement la vie de communauté. Veuve, sans enfants, libre de sa fortune, elle soutenait les œuvres diocésaines, elle pouvait faire un bien immense. Il essaya donc de la détourner de ses projets. Non content de lui exprimer sa volonté par écrit, il alla la voir et lui dit qu'après avoir réfléchi devant Dieu, il croyait sage de lui refuser son consentement. « S'il en est ainsi, Monseigneur, répondit la duchesse déso-

lée, je me vois obligée de quitter le diocèse. »
M⁰ʳ de Mazenod, voyant sa fermeté et craignant de contrarier les desseins de Dieu sur elle, lui accorda la permission qu'elle sollicitait. Plus tard, il la présenta lui-même à la communauté, qui la reçut avec d'autant plus de joie, qu'elle avait appris à la vénérer comme une sainte.

A sa mort, Mme la duchesse de Sabran laissa à la communauté sa propriété de Sainte-Marthe.

L'œuvre de la fondation était achevée, et l'événement avait prouvé qu'en lui donnant pour bases la divine Providence et la sainte pauvreté, M. Margalhan était vraiment inspiré de Dieu !

CHAPITRE IV

Projets
de restauration de l'Ordre Trinitaire

I. Le Père Olivieri. — II. M. l'Abbé Vincent. — III. Le zouave André Burel. — IV. Saint-Barthélemy. — V. Les Trinitaires a Faucon.

I

Dès le Séminaire, une des premières aspirations de M. Margalhan avait été pour les Missions étrangères. Dévoré du zèle des âmes, il avait soumis ses désirs à son directeur, qui lui avait répondu : « Mon enfant, vous avez plus besoin de faire provision de vertus, que de biscuits de mer. » Docile comme il le fut toujours, le jeune prêtre s'était soumis au jugement de ses supérieurs, en se réfugiant dans le sentiment de son indignité. Mais elle ne l'empêchait pas de penser aux pauvres infidèles ! L'extension du règne de Dieu a été, nous le savons, le but unique de sa vie.

En 1853, le zèle du saint prêtre reçut un élan nouveau. Le Père Olivieri, prêtre gênois, à l'exemple du bienheureux Claver récemment canonisé, avait entrepris l'œuvre du rachat des jeunes négresses d'Afrique. Quand il en avait réuni un certain nombre, il les amenait dans les pays catholiques, où il les plaçait dans des couvents afin qu'elles reçussent l'instruction chrétienne. Les religieux Trinitaires d'Italie s'étaient associés à cette œuvre de rédemption, et deux d'entre eux, le R. P. André de Saint-Agnès et le R. Père Raphaël, s'y étaient dévoués avec un zèle admirable. Le Père Olivieri sut par eux l'existence de la jeune communauté de M. Margalhan, et il espéra, non sans raison, trouver en lui un auxiliaire pour son œuvre. Aux premières ouvertures qu'il en reçut, M. Margalhan fut au comble du bonheur, et il répondit au prêtre gênois par une effusion de reconnaissance et la promesse de son concours le plus dévoué.

Quelques jours après, le Père Olivieri et le

R. Père André de Sainte-Agnès arrivaient à Sainte-Marthe avec une cinquantaine de négresses. Dans quel état, mon Dieu ! la plupart d'entre elles étaient sans vêtement, les autres n'avaient sur elles qu'une chemise ou de vieux haillons ; la vermine les dévorait. La misère morale correspondait à la misère physique ; ces pauvres enfants qui venaient demander leur régénération au soleil des pays chrétiens, c'était la brute avec tous ses instincts grossiers, c'était même quelque chose d'inférieur à la brute, jusqu'à ce que la religion eût commencé son œuvre.

Les négresses furent logées dans un bâtiment qui était alors en construction ; elles y restèrent, cette première fois, environ deux mois. Deux autres fois encore, M. Margalhan leur donna l'hospitalité ainsi qu'au Père Olivieri, et chaque fois avec un bonheur nouveau. Un jour, le R. P. André arriva au couvent, portant dans ses bras un enfant de deux ans : « Il me sembla, dit M. Margalhan, voir et saluer saint Vincent de Paul. »

Les habitants de Sainte-Marthe se firent un devoir d'aider leur pasteur dans cette œuvre de charité, et de donner pour les négresses vêtements et couvertures. Le Père Olivieri, de son côté, intéressa Marseille à son œuvre ; et donna chez les RR. Pères Jésuites, à la Mission de France, un sermon de charité. M. Margalhan ne manqua pas d'y assister, mais il fut pris, au retour, d'une fluxion de poitrine qui mit sa vie en danger. Mgr de Mazenod vint le voir ; et, au moment où il se retirait, la Mère supérieure lui présenta les négresses. Se rappelant le sermon prêché en leur faveur : « Ce sont ces enfants, dit-il, qui tueront le meilleur prêtre de mon diocèse ! »

M. Margalhan guérit cependant ; et tandis que ses Filles travaillaient à la première éducation des négresses et leur enseignaient les éléments de la Religion, lui, mûrissait ses projets de zèle. Une lettre qu'il écrivait le 28 décembre 1853 nous les fera connaître.

« Aujourd'hui, disait-il, le Souverain Pon-
« tife Pie IX vient d'ordonner la réunion de
« l'œuvre du Père Olivieri pour les négresses à
« l'œuvre des Trinitaires, en même temps que
« le Chapitre général décrétait la même
« réunion, sans connaître en aucune manière
« les intentions du Chef de l'Église, et notre
« petite Communauté aurait eu la même pen-

« sée il y a quelque temps. Cet accord prouve
« assez clairement la volonté de Dieu, surtout
« lorsque son représentant sur la terre a intimé
« ses ordres. Voilà donc un autre objet de zèle
« pour nos bonnes Filles : la rédemption, qui,
« au reste, est la première fin de l'Ordre. Vers
« la fin de janvier nous attendons un certain
« nombre de ces pauvres enfants, qui nous se-
« ront amenées par le Père Olivieri et par un
« Père Trinitaire, mais ce ne sera que pour
« leur donner asile pendant quelque temps. Plus
« tard deux religieuses accompagneront les
« Pères pour soigner, sur le navire, les peti-
« tes filles qu'ils amèneront ; c'est la demande
« que nous a faite le R. Père général, résidant
« à Rome. Son intention est d'établir des mai-
« sons dans les pays infidèles ; par conséquent
« ces bonnes Filles seront dans le cas de passer
« les mers et de s'expatrier. »

Toutes les convenances demandaient, en effet, et l'honneur du ministère sacerdotal exigeait que les négresses, telles que nous les avons dépeintes, fussent confiées à des religieuses dès le moment du rachat. M. Margalhan n'eut pas la joie de voir ses Filles se dévouer à ce ministère de charité, si évidemment

Trinitaire. Les supérieurs ecclésiastiques crurent sage de lui refuser leur approbation, et le saint prêtre n'eut qu'à courber la tête. « Je vous avouerai franchement », écrivait-il à M. Tempier, vicaire général, le 20 février 1854, « que ma première pensée a été le désespoir ; « mais, mettant tout entre les mains de Dieu, « je me suis calmé en disant : Dieu connaît « mes intentions ; il voit qu'elles sont pures, « que je ne veux que l'obéissance ; il saura « bien récompenser mes désirs s'il n'en récom- « pense pas la réalisation. » Toutefois il n'abandonna pas l'œuvre des négresses ; il voulait au moins que le couvent de Sainte-Marthe pût leur servir de dépôt quand elles arrivaient en France. Mais il fallait un local disposé à cet effet, l'argent manquait, une épidémie de petite vérole se déclara (1856) et M. Margalhan, après avoir reconnu dès 1854 des inconvénients graves à loger ces pauvres créatures dans la salle de communauté du couvent fut réduit à ne plus aider le Père Olivieri que par ses aumônes. Ce Père mourut à Marseille en odeur de sainteté. Deux religieuses Trinitaires ont déposé comme témoins au procès de sa canonisation.

A la même époque (1855), Mgr Pavy, évêque

d'Alger, avait la pensée d'établir en Provence un catéchuménat de jeunes Algériens qui devaient ensuite porter dans leur patrie l'amour de la foi catholique. M. Margalhan accueillit, comme nous devons le comprendre, les ouvertures qui lui furent faites, et il n'attendit pas que le prélat lui en parlât officiellement ; il se hâta, au contraire, de lui offrir les services et le dévouement de ses Filles.

« D'après l'exposé que me fit M. Labatu du projet d'un catéchuménat en Provence », écrivait-il à Mgr l'Evêque d'Alger le 15 février 1855, « j'en ai fait part aux religieuses Trinitaires.
« Unanimement elles m'ont répondu que, de
« grand cœur, elles se dévoueraient à cette
« œuvre, heureuses qu'elles seraient si elles
« pouvaient contribuer au salut des âmes, pour
« lesquelles elles voudraient, avec l'aide de
« Dieu, verser jusqu'à la dernière goutte de
« leur sang. De mon côté, si cette œuvre réus-
« sissait, je verrais s'accomplir un de mes plus
« vifs désirs, celui d'être utile aux missions
« étrangères, et il ne me resterait plus qu'à
« chanter le *Nunc dimittis*. »

M. Margalhan ne devait pas encore le chanter ; la mort de Mgr l'Evêque d'Alger détruisit une seconde fois ses espérances, au moment où elles semblaient devoir se réaliser.

Plus tard, en 1858, il fut question de nouveau des Missions étrangères : c'était Mgr de Marion Brizilliac, évêque des Missions africaines, qui demandait le concours des religieuses Trinitaires. Cette fois encore des difficultés insurmontables se dressèrent, et M. Margalhan écrivit à Mgr de Brizilliac ces lignes empreintes d'une sainte tristesse : « Dieu ne me « juge pas digne de participer à votre aposto- « lat en faveur de ces pauvres peuples que « vous devez évangéliser. Que son saint Nom « soit béni ! »

Des compensations semblèrent cependant s'offrir. M. Margalhan, chez qui la dévotion à la Très Sainte Trinité croissait tous les jours, eut un moment l'espérance de restaurer en France, parmi les hommes, le saint Ordre des religieux Trinitaires.

II

En 1853, en assistant à une réunion du Cercle catholique en faveur de l'œuvre des négresses, à la Mission de France, M. Margalhan, qui avait accompagné le Père Olivieri et le R. Père André de Saint-Agnès, rencontra M. l'abbé Vincent. Dès qu'ils se furent nommés l'un à l'autre, une sainte amitié les unit. M. l'abbé Vincent était le fondateur de l'orphelinat de Saint-Isidore (Var). Nommé à la paroisse du Broussan, il évangélisa pendant cinq ans les pauvres habitants de ce hameau. L'exploitation de bois rabougris, le produit de quelques vignes et d'un peu de blé qu'ils n'obtiennent qu'en livrant aux rochers qui les entourent une guerre acharnée, quelques bottes d'herbes sauvages odoriférantes, thym, romarin, serpolet, voilà le moyen d'existence de ces pauvres gens. Ce pays est une vraie thébaïde où l'on ne voit qu'escarpements de rochers et débris volcaniques.

Au Broussan on travaille dur. Il ne reste au logis que les vieillards et les petits enfants qui ne sont pas encore en âge de travailler.

L'abbé Vincent commença par se faire infirmier. Tous les matins il parcourait le hameau et soignait les malades. Puis il prit les petits, les amena au presbytère qu'il transforma en salle d'asile.

Un jour, un de ces petits pensionnaires se

trouva sans père ni mère. Naturellement il ne sortit plus du presbytère. C'était sa maison. L'abbé Vincent l'adopta. Telle fut la semence de l'orphelinat de Saint-Isidore.

Une année n'était pas écoulée qu'un nouve orphelin venait trouver son frère au presbytère. L'abbé Vincent se dit : mais ce n'est pas seulement au Broussan que la mort fait des orphelins. Et le voilà parti pour quêter des orphelins, afin de les réunir dans une maison commune et d'en faire des cultivateurs probes et craignant Dieu.

Un soir, qu'il avait *récolté* un orphelin, — comme il le disait avec un doux sourire — l'heure s'avançait. Il parcourt la montagne par des chemins impossibles. La nuit était noire, il avait chargé l'enfant sur ses épaules. Il n'arriva au presbytère qu'à dix heures du soir par une pluie battante, sans avoir eu un seul instant d'hésitation sur le sentier à prendre. L'enfant dormait paisiblement.

Quelqu'un lui dit : « Convenez que pour ne point faire un faux pas par une nuit aussi noire, il vous a fallu les yeux de la foi ?

« — Oh ! ce sont les seuls qui ne redoutent

pas la cataracte », répondit-il avec un sourire de bienheureux.

Bientôt il fait bâtir une vaste maison ; il y loge soixante-cinq orphelins et dix personnes pour les soigner.

Il avait la passion de l'orphelin. Un incendie dévore Miolans, petit village des Basses-Alpes, il se hâte d'écrire : « Le feu a-t-il fait des orphelins ? Je suis là. » On lui envoie six petits enfants.

Le choléra éclate à Toulon ; aussitôt il écrit au maire : « Si le fléau qui afflige votre ville fait des orphelins, ne m'oubliez pas, pour l'amour de Dieu ! »

Marseille est atteint à son tour ; il réclame les orphelins de Marseille, qui lui envoie quatorze pauvres petits abandonnés.

Entre le curé de Sainte-Marthe qui donnait aux pauvres son matelas, sa couverture, son linge et qui marchait pieds nus dans le chemin après avoir donné ses souliers aux malheureux, et le fondateur de l'orphelinat de Saint-Isidore, mendiant des orphelins, ou mendiant pour des orphelins, vêtu lui-même par la charité publique, la sympathie ne pouvait manquer. La même passion, la charité, les dévorait. Ils se racontèrent mutuellement leur œuvre, se confièrent leurs pensées, leurs désirs, leurs espérances et formèrent ensemble un projet. Tous deux prendraient l'habit de l'ordre de la Sainte-Trinité. Les souvenirs de la rédemption des captifs étaient encore vivants à Marseille et M. Margalhan était sûr d'y trouver des sympathies et des vocations. Alors leur œuvre prendrait du développement : M. Vincent aurait des frères pour élever ses orphelins, des religieuses pour soigner les plus jeunes ; il y aurait des religieux Trinitaires pour les missions paroissiales ; il y en aurait aussi et surtout, Dieu aidant, pour les Missions étrangères. Et qui savait si, dans l'avenir, grâce aux futurs religieux Trinitaires, la voie des Missions étrangères ne serait pas ouverte à ses religieuses ! Car ce désir, il ne l'abandonna jamais.

Il fallait donc, d'une part, que les religieuses Trinitaires allassent à Saint-Cyr ; d'autre part, que les deux fondateurs se fissent Trinitaires.

Plusieurs fois la première partie de ce projet sembla devoir se réaliser. A plusieurs reprises, de 1856 à 1870, il en fut sérieusement question, et M. Vincent était persuadé que la volonté de Dieu était là. Une circonstance providentielle l'avait, d'ailleurs, affermi dans cette conviction. Un jour, un de ses orphelins fit une chute tellement malheureuse, qu'il se fendit la tête et que sa cervelle sortait du crâne. Pendant tout un jour, une des pieuses Filles que M. Vincent avait appelées à le seconder dans l'œuvre des orphelins, tint les doigts constamment appliqués sur la blessure pour comprimer l'hémorragie. Le pauvre enfant paraissait perdu. Une de ces charitables Filles dit alors à M. Vincent : « Notre Père, vous avez de l'eau de saint Jean de Matha ; faites-en prendre au blessé, et, s'il guérit, nous connaîtrons que c'est la volonté de Dieu que les religieuses Trinitaires viennent. » La proposition fut acceptée, et l'enfant guérit. Il fut convenu que le jour où les religieuses Trinitaires viendraient, les pieuses auxiliaires de M. Vincent, qui ne prononçaient point de vœux, feraient leur noviciat pour être agrégées à la Communauté. Mais cette résolution leur imposait un sacrifice à faire : après s'être dévouées pendant des années à l'œuvre des orphelins, elles n'eurent pas toutes le courage de n'avoir plus qu'une place secondaire dans cette œuvre chérie ; et après bien des délais, M. Vincent se vit obligé de renoncer aux religieuses Trinitaires.

M. Margalhan ne fut pas plus heureux pour la seconde partie de leur projet commun.

En 1857, il obtint la faveur de porter le saint habit de l'Ordre dans l'église du couvent (*januis clausis*), à l'intérieur seulement. Le 10 mai 1857, il écrivit à ce sujet au R. Père Commissaire apostolique de l'Ordre (1), déjà au courant de ses projets : « Il y a trois jours « que j'ai vu Monseigneur l'Evêque. Je lui ai « parlé de la faculté que vous m'avez donnée « de porter le saint habit dans le couvent « *(januis clausis)* ; il m'a répondu : « Je le « vois, celui-ci veut se faire religieux. » A mon « tour, je lui ai répondu : « C'est là, Monsei- « gneur, l'unique désir de mon cœur. Je pense « que lorsque le temps sera venu, vous dai- « gnerez vous-même faire la cérémonie de ma « vêture. Je compte que votre bonté ne me re- « fusera pas cette faveur. » Il me dit alors des « paroles pleines de bonté, et il était très con- « tent.

« Je crois, mon très révérend Père, que c'est

---

(1) Le R. Père Joseph, de la Sainte-Trinité.

« le seul moyen admissible pour le moment ;
« l'Evêque paraît disposé à me donner le saint
« habit ; mais, si nous voulons agir autrement,
« nous gâterons tout.

« C'est pourquoi, mon très révérend Père,
« je vous prie de m'autoriser à recevoir le saint
« habit des mains de mon Evêque ou de tout
« autre délégué par lui, ou choisi par moi avec
« son consentement. Ensuite plus tard je vous
« demanderai la même faveur pour le prêtre
« des orphelins, mais plus tard, et lorsqu'il en
« aura parlé avec son Evêque qui n'est pas le
« même que le mien. Au sujet des orphelins,
« j'ai vu le prêtre il y a trois ou quatre jours ;
« il est toujours dans le même dessein, c'est-à-
« dire qu'il veut toujours se faire Trinitaire,
« former des frères pour soigner ses orphelins.
« J'espère que tout cela s'accomplira avec l'aide
« de Dieu lorsque j'aurai pris le saint habit ;
« alors nous travaillerons pour tout régler avec
« votre Paternité et avec les deux évêques, et
« s'il le faut, nous ferons le voyage de Rome. »

III

Dix ans plus tard, l'espérance de rétablir les Trinitaires sembla s'offrir de nouveau à lui ; elle se présentait sous les traits d'un jeune homme d'une foi ardente, d'une âme virginale, d'un cœur d'apôtre, qui contracta avec lui une de ces amitiés que le ciel seul peut former. Nous avons nommé André Burel, le zouave pontifical.

C'est vers 1867 que cette sainte liaison commença entre le vieillard et le jeune homme, anges tous deux. Un jour, André Burel, qui revenait de Saint-Just avec son oncle, capitaine de vaisseau à Toulon, rencontra dans le chemin M. Margalhan, qui, monté dans la modeste voiture du couvent, en compagnie de la R. Mère M. A. de la Croix, allait à Saint-Just voir un fourneau économique. André Burel, frappé de la simplicité de ce prêtre qu'il voyait pour la première fois, demanda à son oncle qui il était ; et lorsqu'il le sut, il chercha à faire naître une occasion de voir de plus près M. l'abbé Margalhan. Il vint donc au couvent un jour, accompagné de son cousin, M. de Barbarin, dont M. Margalhan connaissait toute la famille et demanda des messes pour le repos de l'âme de ses parents. L'entrevue fut toute cordiale, et André Burel ne se retira pas sans avoir demandé la permission de revenir.

Combien de fois nous l'avons vu arriver au couvent avec son costume de zouave pontifical qu'il aimait à porter ! Que de fois nous avons été édifiées de son recueillement profond à la chapelle, de son angélique piété ! M. Burel avait fait toutes ses études. C'était une nature intelligente, ardente et sympathique, De tout côté, on le recherchait, il recevait de nombreuses invitations. Un grand nombre de familles faisaient tout leur possible pour l'attirer. Il acceptait pour ne contrister personne, mais il s'esquivait dès qu'il le pouvait et accourait auprès de M. Margalhan, à qui il disait : « Vous êtes le gardien de ma vertu. »

Que se passait-il dans ces entrevues intimes où André Burel, aux pieds de M. Margalhan, comme un enfant, lui livrait les mystères de son âme virginale ? Le secret de ces entretiens ne nous a pas entièrement échappé ; le jeune homme aimait à dire : « Quand je viens à Sainte-

Marthe, je me nourris de l'amour de Dieu qui est dans le cœur de M. Margalhan. »

Aussi André Burel venait-il chaque dimanche se nourrir de ce pain délicieux. Auprès de M. Margalhan il sentait son âme embrasée, comme autrefois les disciples d'Emmaüs dans la compagnie du Maître, et, le dimanche arrivé, famille, amis, réunions, rien ne pouvait le retenir. Les siens ne pouvaient s'empêcher d'en être un peu contrariés : « Quand il s'agit de M. Margalhan, disaient-ils, il oublie tout, il est comme hors de lui et rien ne peut l'arrêter. »

Le vertueux jeune homme ne s'appartenait plus, en effet ; on voulait l'enchaîner à la terre et de pieux désirs l'attiraient vers le ciel. Le dessein qu'il avait mûri dans ses conversations intimes, le voici : il voulait être prêtre et Trinitaire, aller avec deux compagnons faire son noviciat à Rome, y recevoir les saints Ordres, puis revenir en France et fonder près d'Avignon une maison qui servît à la fois d'asile aux indigents et de retraite aux prêtres pauvres. Tel était le projet de M. Burel.

En attendant l'heure de Dieu, André Burel se préparait à la vie religieuse en fuyant, chaque fois qu'il le pouvait, les douceurs du bien-être qui l'entourait chez lui, et, pendant le carême, il venait le dimanche prendre le repas du soir avec M. Margalhan afin de faire maigre. Il acceptait volontiers le modeste ordinaire du couvent, et même le sucre commun et les châtaignes bouillies dont il n'avait jamais goûté auparavant. Il couchait d'ordinaire chez M. Margalhan et partait le lundi matin, c'est-à-dire quand il lui devenait impossible de prolonger plus longtemps son séjour.

Par mesure de prudence, afin de n'exciter aucun soupçon fâcheux par ses fréquentes visites à Sainte-Marthe, il acheta une petite propriété contiguë au couvent qui se trouvait à vendre et de la sorte il put dire : « Je vais à ma campagne. »

Maintes fois il avait exprimé le désir de donner sa vie pour la défense de l'Eglise. « Mais, ajoutait-il, avec un sentiment d'humilité vraiment admirable chez un jeune homme de cet âge, je ne suis pas digne d'une si grande grâce ! » M. Margalhan lui répondait : « Faites votre devoir, et si Dieu, qui connaît vos désirs, veut que vous mouriez pour le successeur de saint Pierre, il saura bien vous appeler au moment favorable. »

CHAPITRE IV

La prophétie ne tarda pas à se réaliser. 1870 arriva, André Burel revenait de N.-D. du Laus et de la Salette, où sa piété avait édifié encore plus que d'habitude ceux qui en avaient été les témoins. M. Margalhan l'accompagnait. Ce fut à Grenoble qu'André reçut l'invitation qui appelait les zouaves pontificaux à la défense du Saint-Siège. M. Margalhan lui dit : « Quand un père est dans la détresse, le devoir de ses enfants est d'accourir auprès de lui. »

André Burel n'hésita pas. Il prit congé de M. Margalhan et partit immédiatement pour Rome.

Leurs adieux furent touchants. M. Margalhan se sépara de lui, comme un père se sépare d'un enfant tendrement aimé. Hélas ! ils ne devaient plus se revoir sur la terre...

Voici un fragment d'une lettre qu'il écrivit, en voyage, le 11 août de cette année, à M. l'abbé Margalhan et à la Révérende Mère Supérieure :

« Je vais à Rome où de nouvelles luttes vont,
« dit-on, bientôt commencer. Le moment est
« solennel, quel sera mon sort ? Je l'ignore. Si
« je reviens, je remercierai Dieu, et j'espère
« que ce sera pour le mieux servir et pour

« l'aimer davantage. Si je meurs, rece-
« vez ici mes adieux. Le divin Maître, qui ne
« reste pas en retard en générosité, me don-
« nera la grâce de mourir comme un soldat de
« Jésus-Christ, l'âme en état de grâce, le front
« serein, le doux nom de Jésus sur les lè-
« vres... »

La France, en guerre avec l'Allemagne, venait de retirer ses troupes de Rome. Aussitôt l'état de siège fut proclamé dans la Ville sainte. Le général Cadorna, un renégat, avec une armée de soixante mille hommes, bombarde Rome sur cinq points à la fois. Pie IX, ne voulant pas faire verser le sang inutilement, ordonne de résister uniquement pour constater la violence. André Burel se trouvait à la porte Pia, une des plus faibles de l'enceinte, résolu à se faire tuer plutôt que de se rendre. C'était le 20 septembre au matin. Les Italiens avaient cinquante-deux canons, deux divisions et l'armée de Cadorna en réserve. Les Pontificaux n'avaient qu'une compagnie de ligne, deux de zouaves, quelques artilleurs et huit canons. Le feu s'ouvre, on se bat avec acharnement. L'artillerie pontificale répond à l'artillerie ennemie en tonnant tout à côté du haut du

Maccao et du mont Pincio. Les lieutenants Niel et Brondeis tombent criblés de blessures en criant : « Vive Pie IX ! » Un zouave alsacien, Claudot, frappé à leurs côtés et couché sur le sol, mêlait ce même nom de Pie IX à celui de sa mère. André était avec eux, se battant comme un lion. Tout à coup une balle lui traverse la bouche et la langue Il fait signe qu'il veut écrire. On lui donne une feuille de papier. Il y trace son testament : « Je lègue au Pape tout ce que je possède. » Il mourut le lendemain. Il n'avait que vingt-huit ans ! Pie IX auquel on apporta ce papier couvert de sang le couvrit à son tour de ses larmes et voulut le garder.

La mort d'André Burel fut un coup très sensible pour M. Margalhan. Il avait fondé bien des espérances sur cette belle âme, déjà si avancée dans la sainteté et éminemment digne de coopérer à la restauration de l'ordre de la Sainte-Trinité en France. Il pleura et adora en silence les desseins mystérieux de la divine Providence.

Mais, à côté de cette douleur bien naturelle et toute chrétienne, son cœur ressentit toute sa vie une ineffable consolation en pensant que son cher André, le fils de son âme, avait reçu la couronne des martyrs.

IV

Les supérieurs majeurs de l'Ordre de la Sainte-Trinité désiraient vivement sa restauration en France. Les lettres du R. Père Joseph de la Sainte-Trinité, Commissaire apostolique, en font foi ; mais, à distance, jugeant de la France par l'Italie, ils ne connurent bien ni les difficultés, ni les ressources de cette œuvre dans notre pays. A cette époque, le couvent que les Trinitaires avaient possédé avant la Révolution à Saint-Barthélemy (banlieue de Marseille) était la propriété de M. Lauzet, parent de la R. Mère Supérieure des Trinitaires de Sainte-Marthe ; et le possesseur avait manifesté la volonté d'y réinstaller les religieux Trinitaires le jour où ils viendraient s'établir à Marseille. Sans doute les ruines et le délabrement attestaient que le marteau des démolisseurs de 93 avait passé là ; mais, pour commencer, c'était déjà beaucoup, et le reste aurait été l'œuvre du temps. A diverses reprises M. Lauzet réitéra ses offres ; plusieurs fois aussi M. Margalhan insista pour qu'elles fussent acceptées. Les supérieurs Trinitaires n'osèrent pas ; ils ne comptèrent pas assez sur les ressources que l'Ordre des Pères Rédempteurs, non encore oublié, eût trouvées dans la générosité marseillaise, et, après des délais et des hésitations de plusieurs années, le projet de fondation à Marseille fut finalement abandonné.

M. Margalhan avait craint longtemps que Mgr de Mazenod ne refusât aux religieux Trinitaires l'autorisation de s'établir dans sa ville épiscopale, et ses craintes n'étaient pas sans fondement. Cependant le vénérable Evêque avait fini par consentir. M. Margalhan, de son côté, avait réfléchi longuement et consulté. Devait-il, lui, être religieux ? La vie religieuse lui imposait deux grands sacrifices : l'un, de renoncer à ses aumônes, l'autre, d'abandonner sa congrégation naissante. Il eût fait le premier, mais la prudence ne lui permettait pas le second. Pouvait-il délaisser cette œuvre encore si jeune, où tant de choses restaient à faire ? Le devait-il, puisque c'était lui que Dieu avait choisi ? Ceux à qui il ouvrit son âme furent unanimes à lui dire que sa place était à Sainte-Marthe. Si les religieux Trinitaires se fussent établis à Marseille, il les eût aidés de tout son pouvoir et il eût aimé à vivre souvent de leur vie...

Quand les supérieurs de l'Ordre eurent décrété l'installation des Fils de saint Jean de Matha à Faucon, en Provence, berceau de leur saint fondateur, M. Margalhan y contribua aussi largement qu'il le put, et se fit une consolation d'assister à cette belle fête qu'il avait appelée de tous ses vœux. C'était en 1857. Le dimanche 12 septembre, le R. Père général, venu de Rome avec plusieurs religieux, lui déféra l'honneur de lire en chaire le bref pontifical qui accordait des indulgences à l'occasion de l'installation des Pères, trois jours après, et de faire l'éloge de l'Ordre de la Sainte-Trinité. Le 15, en effet, Mgr l'Evêque de Digne présida la cérémonie de l'installation ; il combla M. Margalhan de témoignages de bienveillance, auxquels s'associaient les marques d'amitié des Pères. « Tous les visages étaient rayonnants, dit le saint prêtre, en racontant la fête dans tous ses détails ; moi seul n'étais pas très content, c'était de me voir en soutane, tandis que mes bons Pères étaient revêtus du saint habit. » M. l'abbé Vincent s'associait de loin à ce regret. Retenu à son orphelinat de Saint-Cyr par le devoir, il ne cessait de désirer l'habit de l'Ordre, mais il commençait à craindre de ne le porter jamais.

Bien des fois, au milieu des épreuves que l'Ordre a subies, nous avons entendu notre vénéré fondateur répéter : « Ah ! si les religieux Trinitaires m'avaient cru quand je leur disais que c'était l'heure, ils auraient aujourd'hui à Marseille une maison florissante... ! »

Dieu a ses vues...

M. Margalhan, voyant ses espérances déçues, se résigna à ne porter l'habit de l'Ordre que les jours de fêtes et à s'appeler, dans ses relations avec les religieux Trinitaires et dans les lettres qu'il écrivait à ses religieuses : *Frère Henri de la Sainte Trinité*, ne pouvant faire davantage.

V

M. Margalhan avait soixante-treize ans et les épreuves pesaient sur lui encore plus lourdement que les années, quand les religieux Trinitaires de Faucon (Basses-Alpes) lui firent, par l'organe de leur Provincial, un appel auquel une vertu ordinaire n'eût pas résisté.

« Si vous le croyez opportun, écrivait le digne Supérieur (6 janvier 1872), venez parmi nous au couvent de Faucon, je vous y soignerai comme un fils son père. Vous n'ignorez pas que nous possédons encore des appartements qui sont tous à votre disposition et où vous pourrez demeurer à votre aise, tranquille et entouré de soins.

« Vous pouvez donc entièrement compter sur moi, car jamais je ne me sentirai le courage de vous abandonner ; et qui sait, mon Révérend Père, si après avoir été le fondateur des femmes Trinitaires, le bon Dieu ne vous aurait pas choisi pour être le fondateur des hommes ? »

La conscience de M. Margalhan fut d'accord avec son cœur pour lui dicter la réponse. Accepter cette offre, c'était fuir la croix et montrer à ses Filles à la fuir : ce n'est pas ainsi que l'on attire la bénédiction de Dieu sur une œuvre... Après avoir consulté le Saint-Esprit dans la prière, il resta...

Environ deux ans plus tard, les instances des religieux Trinitaires revêtirent une autre forme. Le R. Père Provincial comprenait que l'Ordre de la Sainte-Trinité serait heureux et fier de s'attacher par la profession religieuse le saint prêtre qui lui avait rendu tant de services, et, en conséquence, il lui écrivit (13 novembre 1874) :

« Savez-vous, mon Révérend Père, ce que
« j'ai pensé de vous ? Le voici :

« Il serait bon, pour la gloire de Dieu et de
« l'Ordre Trinitaire, que vous fissiez les vœux
« de religion.

« Rien avec cela ne pourrait nuire à votre
« liberté, à vos habitudes, à vos biens, à votre
« manière de vivre, mais seulement ce serait
« un lien de plus qui nous unirait sur la terre
« et une gloire de plus dans le ciel.

« Qu'en dites-vous, mon cher Père ? Je suis
« bien sûr que le Souverain Pontife vous accor-
« derait toutes les dispenses possibles, et le
« T. R. Père général verrait avec bien du
« plaisir le R. Père Henri de la Sainte-Trinité
« prononcer à Dieu son attachement tout
« entier pour l'honneur et la gloire de notre
« Ordre. Vous seriez toujours, aux yeux du
« monde, M. l'abbé Margalhan, et dans l'Ordre
« le R. Père Henri. »

Cette lettre fut pour le saint prêtre le sujet de longues et sérieuses réflexions. S'il n'eût écouté que son ardente dévotion à la Très

Sainte Trinité, il n'eût pas hésité un instant. Rien dans la vie religieuse la plus parfaite, ne lui faisait peur, à lui qui pratiquait toutes les vertus religieuses avec un héroïsme dont l'heure n'est pas encore venue de citer tous les traits. Non, il ne redoutait pas une chaîne nouvelle, il l'eût plutôt désirée de tous ses vœux, la chaîne d'or de la Profession. Mais le pouvait-il ? Le devait-il ?.. Et si, quand il aurait fait des vœux, le R. Père général l'appelait à Rome ? Sa Congrégation pouvait encore avoir besoin de lui, un secret instinct faisait sentir que sa place était toujours, à Sainte-Marthe, et que, en conscience, il ne devait pas s'exposer à la quitter.

Encore une fois, il resta.

Depuis près de vingt ans le désir de voir refleurir en France, parmi les hommes, l'Ordre de la Sainte Trinité embrasait son cœur, et ses espérances les mieux fondées, ses projets les plus sérieusement mûris n'avaient abouti qu'à une déception. En 1879, notre divin Maître parut un moment lui réserver une suprême joie. Pendant quelque temps il put espérer de nouveau que les religieux Trinitaires s'établiraient à Marseille. Cet espoir le ranima, et lui rendit temporairement ses forces. Son zèle lui fit regretter que son âge avancé ne lui permît plus de se mettre à la tête de l'œuvre. Il s'en occupa cependant avec ardeur. Déjà il avait réuni un premier noyau. Tout semblait marcher pour le mieux. Mais M. l'abbé Margalhan n'eut point la consolation de voir le succès couronner ses efforts. Le bon Dieu ne le permit point. A la veille de l'expulsion des Ordres religieux en France, l'heure n'était point propice. M. Margalhan se souvint de ce que lui écrivait en 1847 le frère Gilles, religieux Trappiste, son cousin : « Quelquefois Dieu se contente des « efforts que l'on fait pour le servir et le faire « servir, sans en vouloir l'exécution. La volonté « et l'amour-propre, rompus, brisés et anéantis « entre ses mains, lui sont un sacrifice bien « plus agréable que tout ce que nous pourrions « faire pour lui. »

Qui pourrait dire que la parfaite soumission du saint prêtre à la volonté divine dans l'anéantissement de ses projets les plus chers n'avança point, autant que ses brûlants désirs, l'heure de la restauration de son Ordre de prédilection ? Au moment où nous écrivons, il y a des âmes sacerdotales dont la dévotion à la Très Sainte

Trinité fait les délices, et qui portent ses livrées avec un amour inexprimable : qui sait si le désir du vénéré Père Margalhan ne serait pas bien près de sa réalisation ?...

De tous ses désirs, il ne resta qu'une consolation à M Margalhan : travailler pour les Missions étrangères.

« Ah ! s'écriait-il avec vivacité, si j'étais
« plus jeune, comme je partirais pour les Mis-
« sions ! » Selon la remarque du R. P. Bauté, ce n'était pas le regret de n'avoir pas suivi son premier attrait, mais bien plutôt l'expression d'un cœur débordant de zèle. « Son âme droite
« et pure s'exaltait au récit des merveilles
« obtenues par l'apostolat dans les contrées
« lointaines. Il bénissait la divine Providence
« de son attention toute maternelle à multi-
« plier les vocations apostoliques, et, dans les
« transports de son amour pour Notre Sei-
« gneur Jésus-Christ, il se réjouissait à la
« pensée que son règne s'étendrait de plus en
« plus par toute la terre, qu'il serait aimé et
« adoré jusque chez les peuples les plus sau-
« vages et les plus abandonnés.

« — Oh ! si j'étais plus jeune... » aimait-
« il à répéter. — Mais la triste réalité du poids

« des années était là. — « Du moins, ajou-
« tait-il, puisqu'il est trop tard, du moins je
« veux encore faire quelque chose ! Vous voyez
« toutes ces images reproduites par la photo-
« graphie... c'est mon passe-temps. Je suis
« trop vieux pour faire autre chose, je vous en
« donnerai et en reproduirai tant que le bon
« Dieu le permettra ; ce sera pour vos Mis-
« sions. » Et le saint vieillard se mettait à
« l'œuvre de tout cœur. A chacune de mes
« visites j'emportais le paquet d'images pré-
« paré pour les pauvres Missions. Ce fut même
« là, je puis le dire, une de ses dernières préoc-
« cupations : terminer ses jours en travaillant
« pour la Propagation de la Foi ! Ce qui avait
« été le rêve de sa jeunesse entrait pour une
« part dans la consolation de ses vieux jours.

« Il léguait ainsi à ses Filles l'exemple d'un
« zèle ardent pour hâter l'accomplissement du
« règne de Jésus-Christ : *Adveniat regnum*
« *tuum* (1) ! »

(1) R. P. Bauté, missionnaire apostolique.

CHAPITRE V

Vertus de M. Margalhan

I. Sa modestie. — II. Son humilité. — III. Sa pauvreté. — IV. Sa mortification. — V. Sa foi et sa piété. — VI. Ses dévotions. — VII. Son amour de l'Eglise. — VIII. Sa charité pour le prochain.

Un regard sur la dernière période de la vie de M. Margalhan nous fera voir toutes les vertus s'épanouissant en lui plus que jamais dans un ensemble harmonieux, pour former la couronne de ses cheveux blancs.

1

Sa propre famille l'avait toujours regardé comme un grand ami de Dieu. Quand son frère Philippe avait un enfant malade, la première parole qu'il adressait à sa femme était celle-ci : « As-tu mis sur son lit le manteau d'Henri ? »

Et, dès que le mieux s'était manifesté, il l'attribuait non pas aux remèdes et aux médecins, mais à la bénédiction qui accompagnait partout l'abbé Margalhan.

Nous l'avons dit ailleurs : jamais l'ombre d'un soupçon n'atteignit la vertu du digne prêtre. « Plus d'une fois, nous disait un jour un témoin oculaire, plus d'une fois, sur les quais, j'ai entendu dire du mal des prêtres ; mais, quand on venait à prononcer le nom de M. Margalhan : Celui-là, disaient-ils, n'en parlons pas, c'est un saint. » Et ils citaient à l'envi des traits de sa vertu.

Il resta toute sa vie tel que nous l'avons vu curé de Sainte-Marthe. Quand il était dans sa chambre, il arrivait souvent que ses religieuses venaient lui demander un conseil, une direction, des prières. Il avait soin que toujours, en pareil cas, sa porte restât entr'ouverte.

Il avait pour elles des accents de tendresse paternelle : « Mon enfant, ma petite enfant »; mais, d'autre part, avec quel soin il veillait à ce que leur confiance filiale ne dégénérât point ! Tout ce qui n'était pas purement surnaturel lui faisait peur, il en craignait jusqu'à l'ombre, et, comme le vénérable M. Olier, il redoutait d'être l'objet d'un souvenir de la part des créatures et d'être cause, sans le vouloir, d'un larcin fait à Dieu. Il faudrait l'avoir entendu dans ses entretiens intimes, pour comprendre jusqu'où allait cette céleste délicatesse : son âme, accoutumée à vivre de Dieu, ne pouvait supporter l'idée de ce qui n'était pas divin. Attentif à former la même délicatesse dans l'âme de ses Filles, il leur répétait souvent cette maxime dont il avait fait le bouquet spirituel d'une de leurs retraites : « *Dieu ne veut pas d'un cœur partagé.* »

II

A l'âge de soixante ans, sa photographie n'existait pas encore. Il fallut les instances de Mgr Terris, alors curé à Cavaillon, où nous avions une résidence, pour obtenir, le jour anniversaire de sa naissance, 15 janvier 1859, qu'il consentit à poser devant un photographe du pays. Quand le mois de juillet ramena la saint Henri, les Sœurs Trinitaires de Cavaillon vinrent, tout heureuses, lui offrir quelques exemplaires de sa photographie ; il les déchira et il n'y eut plus moyen de lui en parler. Plusieurs années après, cependant, il revint sur cette décision. Un jour, il retrouva le portrait du prêtre qui l'avait préparé à sa première communion, M. le chanoine Laty, et cette vue fut un reproche qui pénétra son cœur. « Je n'ai pas assez prié pour lui, se dit-il ; dorénavant son portrait me rappellera ce devoir. » Une seconde réflexion suivit celle-là : « Mais on ne pensera pas davantage à moi devant Dieu !... Oh ! je ferai faire ma photographie afin que, dans la prière, on se souvienne de moi, pauvre pécheur, qui ai tant besoin de miséricorde ! » Dès lors, il ne regarda plus à donner son portrait à ses amis.

Mais ses religieuses ?... Ses religieuses, si elles s'enhardissaient à la demander, étaient éconduites paternellement : « Je ne veux pas, disait-il, voir mon portrait, entre les mains des femmes. » Il arriva que d'anciennes élèves, auxquelles il avait fait faire la première communion, lui demandèrent sa photographie plusieurs années après leur sortie du pensionnat : « Quand je serai mort, dit-il, on vous la donnera tant qu'on voudra » et il leur distribua en compensation des images pieuses.

Si parmi ses Filles il y en avait qui possédassent la photographie du *Père*, c'était par suite d'un pieux larcin, ou bien elles la devaient à quelque circonstance particulière.

Il avait une connaissance approfondie de la langue espagnole et parlait l'italien avec une grande facilité. En aidant son père dans les travaux de la pharmacie, il avait acquis bien des connaissances pratiques ; l'histoire naturelle lui était familière ; et, si on lui demandait le nom et les vertus d'une plante, le nom et les mœurs d'un insecte, on était toujours sûr d'avoir une réponse agréable et satisfaisante. Eh bien ! d'après lui, M. Margalhan n'était qu'un « ignorant ».

Telle n'était pas toujours l'opinion de ceux qui venaient le voir. Laissons parler ici deux de ses amis des dernières années.

« Il aurait pu avoir de l'ambition, nous
« disait le premier (1). Je ne sais, avec l'éten-
« due de son intelligence, jusqu'où il serait
« parvenu, mais je sais qu'il y avait en lui de
« l'étoffe. Eh bien ! il a préféré s'ensevelir dans
« l'obscurité pour travailler à la formation de

---

(1) R. P. Perrard, S. J.; allocution du 3 février 1883.

« sa famille religieuse. Il s'est dit : « Puisqu[e]
« je veux élever une communauté, je dois vivr[e]
« d'abnégation et de renoncement. » Il a ét[é]
« la fleur qui se cache sous la feuille et qui n[e]
« se trahit que par son parfum. Aussi Die[u]
« l'a béni. Combien y en a-t-il qui ont voul[u]
« fonder une congrégation ! Ils ont commencé[,]
« mais bientôt tout a disparu et s'est fondu
« comme la neige au soleil du printemps[.]
« Votre Père, lui, a vu le berceau et le déve-
« loppement de sa communauté. »

« La simplicité de M. Margalhan, dit l[e]
second (1), ressortait tellement dans tous ses
actes, qu'elle choquait quelquefois de prim[e]
abord les personnes du monde qui ne le connaissaient pas. On était porté à ne voir que du
surnaturel dans toutes les œuvres accomplies
par le vénérable vieillard. Mais cette première
impression ne subsistait pas longtemps. Après
une fréquentation un peu plus prolongée, il
était facile de découvrir dans cette âme si belle
et si pure les qualités qui font les esprits supérieurs. Comment dépeindre cette clairvoyance

(1) M. Rouvier, docteur en médecine, professeur à la Faculté catholique de Beïrout.

et ce tact dans les relations avec ses visiteurs ? ce jugement droit et ferme, uni à une conscience délicate, mais non timorée ? Il faut en avoir fait l'expérience pour en comprendre toute la valeur. Nul ne le consultait sur des affaires importantes et ne se retirait sans une solution satisfaisante unie à la persuasion intime qu'elle était la seule vraie. Voilà le secret de cet attrait irrésistible qui amenait auprès de lui tant d'ecclésiastiques et de personnes appartenant aux conditions les plus diverses de la société. »

Il leur fallait cependant mesurer leurs témoignages d'estime à son égard. Un jour, un ami de M. Margalhan, qui se plaisait à venir de temps à autre passer la journée avec lui, se permit de lui dire : « Vous avez fait beaucoup pour le diocèse, par l'établissement d'une Congrégation qui y rend de grands services ; on aurait bien pu vous faire chanoine ! » M. Margalhan baissa les yeux, son visage devint sérieux, et après un moment de silence il dit à son ami : « Vous avez peut-être cru me faire plaisir en me parlant ainsi ? au contraire, vous m'avez fait de la peine, car, si j'ai travaillé, ç'a été uniquement pour le bon Dieu et non pour m'attirer les honneurs. »

Il se regardait sincèrement comme le plus grand des pécheurs. Les Sœurs qui étaient placées dans le voisinage de son prie-Dieu à la chapelle l'ont entendu dire bien des fois, avec un soupir et un accent qui partaient du fond de l'âme : « Mon Dieu, ayez pitié de moi, pauvre pécheur ! » Une année, le jour de la première communion des élèves internes du couvent (pensionnaires et orphelines), il adressa aux enfants quelques mots à la fin de l'exercice du soir, et leur demanda de prier pour lui, pauvre pécheur. La mère d'une des communiantes ne put s'empêcher de dire en sortant : « Si tout le monde ne savait pas que M. Margalhan est un saint, on croirait, à l'entendre, qu'il a commis des crimes. Mais, s'il est un si grand pécheur, lui, qu'est-ce donc que nous sommes ? »

Il ne manquait pas de dire souvent à ses religieuses : « Priez pour moi, pauvre pécheur ! » Et il arrivait à plus d'une de répondre : « Mais, notre Père, si vous dites cela, que dirons-nous, nous autres qui commettons bien plus de fautes que vous ! — Ah ! répondait-il, vous en faites bien moins, et vous ne connaissez pas toute la responsabilité d'un prêtre ! »

III

Dans une de ses retraites, M. Margalhan avait écrit de sa main cette maxime : « Sans pauvreté, point d'humilité », et il se l'appliquait dans toute sa rigueur. Il aimait naturellement la propreté et le bon agencement des choses, auquel son éducation de famille l'avait d'ailleurs habitué ; mais il s'était fait une loi de se rapprocher le plus possible de la pauvreté du Maître. Peu lui importait d'avoir des vêtements vieux et usés, pourvu qu'un pauvre eût été vêtu, et il n'était tranquille que si l'on pouvait trouver à redire à son vêtement. Il fallait prendre en cachette la mesure de ses soutanes pour les lui remplacer ; mais tout n'était pas fait quand on lui avait acheté une soutane neuve. Le difficile était de la lui faire accepter… et porter. Pour vaincre ses répugnances à cet égard, il n'y avait qu'un argument : « Si vous ne voulez pas la mettre, on dira que la Communauté n'a pas soin de vous. » Quand on lui parlait de l'intérêt de ses Filles, il se rendait, mais à sa façon, et en ménageant toujours les intérêts de la pauvreté et de l'humilité. Ainsi, par exemple, s'il avait une soutane neuve, il l'accompagnait d'un vieux chapeau, tout râpé. Le chapeau était-il sortable, c'était la ceinture qui était vieille. Un jour qu'il allait faire une visite à Mgr l'Evêque de Marseille, notre Révérende Mère, M. A. de la Croix, voulut lui faire mettre une ceinture neuve. En vain, elle pria, elle insista; ni elle, ni les Sœurs qui étaient là ne purent rien obtenir. Quand il fut en route, un regret lui vint, et il dit aux Sœurs qui avaient profité de la voiture pour descendre en ville : « Quel regret ! J'ai fait de la peine à la Mère ; il me tarde d'être de retour pour lui demander pardon. Voyez comme j'ai mauvais caractère ! Je lui ai résisté ! » Il avait coutume de dire, en pareil cas : « On a tort d'insister ; l'intention est bonne, je le sais ; mais, quand je refuse, c'est parce que ma conscience me reprocherait d'accepter. »

Une autre fois qu'il était nécessaire de remplacer son chapeau, déjà vieux, la Sœur M. de Saint Jean-Baptiste vint le prendre pour en avoir la mesure. M. Margalhan était alors dans l'oratoire de Saint-Joseph, où il priait : « Je n'ai pas besoin de chapeau neuf, dit-il, d'un ton peiné, je n'en veux pas, rendez-mo mon chapeau ! » Ce fut en vain, la mesure fut prise. « Veut-on, dit ensuite M. Margalhan, me faire ressembler, à mon âge, à un jeune homme ! Je ne mettrai pas ce chapeau neuf, je le donnerai plutôt ! — A qui le donnerez-vous ? repartit la Sœur ; ce ne sera pas, en tout cas, à M. Palmaro (alors recteur de Sainte-Marthe) ; il faudrait que sa tête fût à la mesure de la vôtre. » A la pensée de la tête bien plus petite de l'abbé Palmaro, disparaissant sous son tricorne, M. Margalhan rit et fut désarmé ; enfin on obtint, mais non sans peine, qu'il mettrait le chapeau neuf.

Plusieurs années avant sa mort, ses religieuses firent pour son lit une modeste couverture au tricot. D'après lui, c'était du luxe ! et son amour de la pauvreté se joignait à sa charité pour lui faire trouver bien lourde cette couverture : « C'est trop beau pour moi, dit-il bien des fois ; il faut la vendre ; les pauvres en ont plus besoin que moi. » La Sœur M. de Saint Jean-Baptiste, à qui la recommandation s'adressait, fit la sourde oreille d'abord ; puis, pour mettre fin aux inquiétudes toujours renaissantes du vénérable Père, elle lui dit en souriant : « Vous ne pouvez pas la vendre, mon

Père, parce qu'elle n'est pas à vous, elle appartient à la Communauté. » Il dut se résigner à la conserver.

Il garda aussi les meubles qui garnissaient son appartement, après avoir appartenu à la maison de campagne de Mme la duchesse de Sabran. Mais il se plaisait à dire à qui voulait l'entendre, et notamment à sa famille, que rien parmi ces meubles si modestes ne lui appartenait en propre. « *On me les prête !* » disait-il, heureux de ne rien avoir.

Il possédait cependant quelque chose : une demi-douzaine de couverts d'argent, souvenir de famille, déjà bien anciens. Etre pauvre et avoir six couverts d'argent ! Posséder de l'argenterie pendant que des malheureux manquent de tout ! « Vendez-les au profit des pauvres, dit-il à son économe et remplacez-les par des couverts d'étain. — Mais, mon Père, répondit celle-ci, quand vous invitez à votre table des prêtres ou des personnes étrangères, vous ne pouvez pourtant pas les recevoir avec des couverts d'étain ? — Qu'importe ? reprit-il, que j'agisse à la façon des pauvres, puisque je le suis ? Vendez-les. » Mais la bonne Sœur ne se crut pas obligée d'obéir, elle eut soin de toujours *oublier*. Et, comme M. Margalhan, devenu infirme, ne sortait plus, il fut obligé de se contenter de l'inutile recommandation qu'il lui réitéra maintes fois : « Vendez mes couverts. »

Voilà comment M. l'abbé Margalhan put laisser en héritage six couverts d'argent.

Son amour pour la pauvreté s'étendait aux moindres détails. Il attendait qu'on lui donnât ce dont il avait besoin ; et s'il arrivait que l'on oubliât quelque chose, il ne demandait pas, il ne se plaignait point et ne cessait de montrer le même visage affable, serein et joyeux.

Cet amour de la pauvreté explique la prédilection marquée dont les pensionnaires, plus anciennes dans la maison, étaient froissées quand elles voyaient les orphelines prendre le pas sur elles en tous lieux. Quand on en faisait l'observation à M. Margalhan : « Devant Dieu, disait-il, les pauvres sont autant que les riches, et Notre-Seigneur a ennobli leur état quand il a choisi pour lui la pauvreté. »

IV

Une autre gardienne que le saint prêtre avait donné à sa vertu, c'était la mortification.

Il s'était fait une loi, comme nous l'avons déjà dit, de pratiquer tous les jours de la semaine l'abstinence, sans que rien pût l'en faire dévier, pas même la solennité de Noël. Vieillard, ses infirmités ne lui paraissaient pas une dispense suffisante, et il lui fallut, dans sa quatre-vingt-troisième année, un ordre formel de son Evêque pour le décider à faire gras. Il portait la même ferveur dans la pratique du jeûne quadragésimal, qu'il observa rigoureusement jusqu'à quatre-vingts ans, sans user, même le dimanche, de viande, d'œufs, ni de laitage. Il agissait de même pour tous les jeûnes prescrits par l'Eglise.

Cette ferveur, digne des premiers siècles, n'était pas également appréciée de tous ceux qui en étaient les témoins ; quelques-uns de ses confrères dans le sacerdoce se permettaient de lui dire qu'il allait peut-être trop loin, dans la voie de la pénitence. « Je ne prétends imposer
« aucune règle aux autres, répondait-il ; je sais
« très bien que l'on peut profiter des dispenses
« de l'Eglise notre Mère ; mais je sais que si
« elle nous dispense de certaines lois que
« nous n'avons plus le courage d'accomplir,
« elle le fait en gémissant et serait heureuse

« de voir ces lois observées dans toute leur
« étendue. Je crois que les prêtres qui ont de
« la santé devraient se faire une loi de garder
« l'abstinence du samedi, puisqu'ils doivent
« l'exemple aux fidèles. Nous cédons beaucoup
« au relâchement, mais la parole de l'Evangile
« subsiste toujours : *Si vous ne faites péni-*
« *tence, vous périrez tous* ; et le soin de nos
« intérêts devrait nous porter à faire pénitence
« en ce monde pour éviter le feu terrible du
« purgatoire. »

Pendant l'Avent, M. Margalhan observait trois fois la semaine un jeûne semblable à celui du Carême ; il ne se permettait l'usage du laitage et des œufs que pour le jeûne ordinaire du vendredi et des vigiles des fêtes de l'Ordre de la Sainte Trinité.

Quand, à quatre-vingts ans, il cessa de jeûner, il prit le matin, pendant le carême, du café à l'eau sans sucre. Il le préférait ainsi, disait-il. Le café n'était bon, à ses yeux, qu'assaisonné par la mortification ; et si la personne qui le soignait et savait à quoi s'en tenir sur ses préférences, mettait à la dérobée un morceau de sucre dans la tasse : « Vous me le gâtez ! » disait-il vivement.

Plus d'une fois, dans les deux dernières années de sa vie, l'extrême faiblesse à laquelle il était réduit obligea ses religieuses à user de ruse pour lui faire prendre du gras le vendredi sans qu'il s'en aperçût. Elle lui préparaient une soupe aux pommes de terre avec le meilleur bouillon. Une ou deux fois, il avait fait quelque réflexion : mais, comme son habitude était de ne pas s'arrêter à ce qu'on lui présentait, il se contenta de dire avec sa simplicité habituelle : « C'est égal, la Communauté mange de bien bonnes soupes. »

M. Margalhan avait toujours regardé comme un temps perdu celui qu'il passait à table; aussi mangeait-il très vite pour ne pas s'arrêter à la saveur des aliments. Mais il n'était pas souvent seul. Quand on lui servait quelque chose qui allait à son goût, il avait soin de s'ôter tout plaisir à le manger ; et pour cela, prenant en même temps d'un autre mets, il faisait des mélanges qui n'étaient rien moins qu'appétissants et qu'il déclarait délicieux. Si on lui apportait du poisson, des grenades, ou tout autre chose qui sortait de l'ordinaire, il commençait par faire la part des malades, et si largement que souvent il ne restait rien pour lui.

Il avait coutume de dire, en parlant de la mortification du goût : « Elle procure de grandes grâces et prévient beaucoup de péchés. » Ce qui n'empêchait point que, sévère pour lui même, il ne fût indulgent pour les autres. Toutefois, s'il arrivait que l'on parlât devant lui de la saveur des mets, il arrêtait la conversation par un seul mot, auquel il donnait un accent intraduisible : « Sensualité ! »

Pour le sommeil, sa mortification n'était pas moindre. Tant qu'il conserva des forces, il commençait sa journée à quatre heures et demie. Pendant les dernières années, de longues insomnies rendaient bien court son sommeil de vieillard, et pour se lever à cinq heures et demie il avait besoin qu'on l'éveillât ; encore était-il visible que ce sommeil ne lui suffisait pas. Cependant il ne voulait pas consentir à se lever plus tard, car il n'eût pas célébré la sainte messe sans avoir fait son oraison et sa préparation à laquelle il ne consacrait pas moins d'une heure, — il avait alors quatre-vingt-deux ans. — Le soir, dans les derniers temps, il avait beaucoup de peine à achever son office. On le dérangeait fréquemment, et, quelles que fussent ses occupations il ne voulait pas se coucher sans avoir récité le rosaire ; or, il lui arriva plus d'une fois de rester jusqu'à onze heures du soir et presque minuit pour achever ses prières que le sommeil interrompait malgré lui. Un soir, il recommença plusieurs fois de suite alternativement les vêpres et le chapelet, parce que la fatigue le gagnait, et que dans les vêpres il s'était trompé d'antienne ; il en eut pour jusqu'à onze heures et demie. Une autre fois, étant au lit, il se souvint qu'il avait omis une oraison dans la récitation des vêpres ; il recommença son office.

Quatre-vingt-trois ans pesaient sur sa tête, et la récitation du bréviaire devenait une fatigue au-dessus de ses forces ; par suite de sa faiblesse, qui allait toujours croissant, les paroles des psaumes lui échappaient à mesure qu'il allait pour les dire ; et la dernière fois qu'il s'acquitta de cette obligation, il eut besoin de l'aide d'un ami, qui lui disait l'une après l'autre les paroles saintes. Le lendemain, le supérieur de la Communauté vint au couvent et promit au vénérable vieillard de demander pour lui à Monseigneur l'Evêque la dispense du bréviaire ; il le fit, en effet, immédiatement (17 décembre 1882) et dès lors la conscience de M. Margalhan, si délicate, fut délivrée d'une grande peine, car de lui-même il ne se fût jamais cru suffisamment dispensé.

Sauf les deux dernières années de sa vie, quand il devait donner la sainte communion à une personne malade, mais non en danger de mort, si l'heure fixée était minuit, il donnait à la prière le temps qui s'écoulait jusque-là. Si c'était une heure matinale, la crainte d'apporter un retard lui faisait devancer de beaucoup son lever. Il porta ainsi la communion tous les jours de très grand matin, pendant de longues semaines, à une pauvre Sœur affligée d'un rhumatisme universel.

M. Margalhan était trop attentif à la parfaite mortification des sens, pour ne pas macérer sa chair dans la plus large mesure possible. Il prenait la discipline trois fois la semaine en tout temps, tous les jours de carême et trois fois dans la journée le Vendredi Saint. Lorsque, dans les dernières années de sa vie, quelque ami intime lui disait respectueusement qu'il ne se ménageait pas assez : « Oh ! maintenant, répondait-il, mon bras n'a plus de force ! » Que de disciplines s'imposa-t-il en outre pour la conversion des pécheurs qui résistaient à ses sollicitations ! Son presbytère de Sainte-Marthe, dont il éloignait la servante dans le temps où il se livrait à ces austérités pour qu'elle n'en surprît pas le secret, et la sacristie de son église paroissiale en ont été souvent témoins. Au couvent, bien des fois aussi il s'imposa des disciplines pour obtenir en faveur de quelqu'un la cessation d'une tentation, une victoire difficile, etc.

Il ne se ménageait pas plus pour le cilice que pour la discipline ; malgré le soin qu'il prenait à se cacher, son linge de corps, parsemé de rouille, finit par le trahir. Un jour aussi, quelqu'un aperçut l'instrument de pénitence en entrant dans la chambre de M. Margalhan ; malgré ses quatre-vingts ans, il cacha l'objet avec une célérité que l'on eût pas attendue d'un vieillard, mais c'était trop tard. La chaîne de fer et les bracelets accompagnaient la cilice trois fois la semaine. Quand, les dix-huit derniers mois de sa vie, il fut réduit à avoir recours pour toutes choses à d'autres mains que les siennes, et que d'ailleurs la vie n'était plus en lui qu'une étincelle à grand'peine entretenue, il pria, sous le secret, la Sœur qui l'avait soigné pendant de longues années de jeter ses instruments de pénitence dans un puits abandonné. Inutile d'ajouter qu'elle s'en garda bien, et que ces objets, précieux pour nous, furent enfermés en lieu sûr.

Grâce à cette mortification universelle, pratiquée pendant de longues années et soutenue par une oraison fervente, M. Margalhan était arrivé, les dernières années de sa vie, à un détachement complet de toutes choses. Rien de la terre n'attirait plus son regard. Il disait : « Maintenant je ne tiens plus à rien, je ne dois m'occuper que des choses du ciel. »

V

Dès les jours du séminaire, nous l'avons dit, M. Margalhan se distingua par une grande délicatesse de conscience, et il lui arrivait souvent de se confesser tous les jours. Arrivé à un âge avancé, il ne put plus sortir seul, et la Sœur qui l'accompagnait lui disait quelquefois : «Mais, mon Père, vous voulez encore aller vous confesser ! Cela vous fatigue, il me semble que vous pourriez bien attendre à demain, puisque vous vous êtes confessé hier. D'ailleurs, quelles fautes commettez-vous ? Vous êtes en prières presque toute la journée ! — Ma Fille, répondait le saint vieillard, un prêtre ne doit jamais monter à l'autel avec la moindre peine sur sa conscience. »

Or, les fautes qui l'obligeaient ainsi à cette confession presque journalière, c'étaient des paroles un peu vives, échappées à un premier mouvement, et plus que suffisamment réparées par des actes d'humilité qui étonnent. Demander pardon à genoux, et même les bras en croix, à la dernière de ses religieuses s'il croyait l'avoir contristée, ce n'était pas chose rare, et encore cette réparation ne lui suffisait-elle pas : « Je ne vous ai pas fait de peine, disait-il ? Voyez-vous, mon enfant, ne faites pas comme moi..... » Et il ajoutait souvent : « Priez pour moi ! » Père vénéré, qui après de pareils actes éprouvait encore le besoin de dire à Dieu: « Seigneur ! lavez-moi de plus en plus de toutes mes souillures : *amplius lava me...* »

O mon Dieu ! vos saints vivent dans une lumière céleste qui leur fait découvrir des taches là où nos yeux appesantis n'aperçoivent même pas une imperfection !

Une chose non moins admirable dans M.

Margalhan, c'était la simplicité de sa foi qui lui faisait trouver toujours nouveaux et toujours plus beaux les plus simples enseignements du catéchisme. Son âme, accoutumée à lire et à méditer l'Ancien et le Nouveau Testament, y trouvait une délicieuse nourriture. A la fin de de sa vie, alors que la lecture spirituelle était devenue pour lui une grande fatigue, il se faisait lire le *Catéchisme de persévérance* de Mgr Gaume. La lectrice lisait une heure et quelquefois davantage, sans qu'il se lassât de l'écouter. Fatiguée enfin, elle s'arrêtait. « Oh! que c'est beau! disait-il; vous me lirez encore cela demain. » Et il en était de même de toutes ses lectures. La parole de Jésus-Christ se réalisait en lui : « Bienheureux ceux qui ont le cœur pur, parce qu'ils verront Dieu. » Son âme, purifiée par une longue vie toute sainte, s'éclairait de plus en plus en entendant les simples paroles répétées mille fois sur les bancs du catéchisme.

Est-il étonnant, après cela, que la prière fût réellement pour lui « une élévation de l'âme vers Dieu » ? Qui, de nos Sœurs, ne l'a jamais aperçu à genoux sur son prie-Dieu, immobile comme une statue, les yeux élevés vers le ciel ?

Jamais, même quand ses infirmités l'obligeaient de prier assis, son maintien et l'expression de son visage ne cessaient d'être profondément respectueux.

La dévotion avec laquelle il célébrait la sainte messe est connue de tous ceux qui y ont assisté. Quelqu'un lui représenta, un jour, qu'il mettait trop de temps à dire la messe ; il lui fit cette réponse : « Quand vous assistez à un bon repas, vous mangez bien, n'est-ce pas ? Eh bien ! à la sainte messe, je nourris mon âme, elle en a tant besoin ! »

Sa grande dévotion à la Très Sainte Trinité le portait à réciter le Trisagion une et même plusieurs fois par jour. Combien disait-il de chapelets dans la journée ? C'est le secret de Dieu.

Il récitait tous les jours le rosaire tout entier et, quand on le rencontrait, on était toujours sûr de le trouver le chapelet à la main lorsqu'il n'était pas occupé à quelque œuvre de zèle et de charité. Plus il avançait en âge, plus sa piété allait en augmentant.

Le 20 septembre 1874, il célébra ses noces d'or. Il voulut que cette grande fête fût pour lui un renouvellement de l'esprit sacerdotal et il s'y prépara par la retraite la plus fervente. Pendant huit jours, étranger à toutes les choses de la ter r, à tout ce qui se passait autour de lui, à ce qui se préparait pour la solennité, il demeura dans un recueillement profond, dans une prière non interrompue. Aussi, quand le grand jour fut arrivé, ce fut avec un visage rayonnant de joie céleste, avec une ferveur de séraphin qu'il monta à l'autel ; et nul, parmi les assistants, accoutumés pourtant à admirer sa dévotion, qui n'en ressentît ce jour-là l'impression nouvelle et plus profonde.

Quelle fut donc la douleur du saint vieillard quand, la dernière année de sa vie, il se vit privé par ses infirmités d'offrir la sainte victime ! Que de messes il fit célébrer, que de prières il fit faire pour obtenir de Dieu la grâce de célébrer le saint sacrifice encore une fois ! Cette consolation ne lui fut pas accordée. Dans l'état de faiblesse où l'âge l'avait réduit, il lui eût été impossible de rester debout trois quarts d'heure, temps que sa messe durait toujours. Et de plus, l'émotion qu'il eût éprouvée en montant au saint autel eût suffi pour amener une défaillance. Il ne pouvait pas même rester debout quelques instants sans que le malaise qu'il en éprouvait le contraignît à s'asseoir.

Cette dernière année donc, il dut se contenter de faire la sainte communion. Il était si faible, qu'il fallait qu'on le veillât. Bon nombre de nos Sœurs ont pu ainsi, tour à tour, être témoins de la piété avec laquelle il se préparait à la sainte communion. Toute la nuit qui précédait, il ne dormait pas ; il priait et il faisait prier avec lui les Sœurs qui le gardaient. Il n'interrompait sa prière que pour demander avec angoisse s'il pourrait rester à jeun jusqu'à l'heure où le Seigneur devait venir le visiter. Car il sentait avec une si grande foi ce qu'est l'acte redoutable de la communion, que l'impression de crainte respectueuse et de désir ardent qu'il en éprouvait ne manquait pas d'amener des crises de suffocation ces nuits-là. Et ce ne fut pas une fois seulement que M. Margalhan se prépara ainsi à la sainte communion, pendant sa maladie, c'était chaque fois. Cela suffirait pour révéler ce qu'avait été pour lui pendant sa longue carrière le sacrement de nos autels.

La présence d'un saint est-elle le meilleur paratonnerre pour la maison qu'il habite ? Voici un fait raconté par une des Sœurs qui le veillaient, qui semble répondre à la question.

« Un soir, après les prières et les recommandations ordinaires, je m'approchai de la lampe pour l'éteindre comme de coutume. Notre Père me rappela : « Ma Sœur, me dit-il, une pensée me vient : nous ne savons pas ce qui peut arriver cette nuit, mettez-vous à genoux, nous allons dire le *Veni Creator*, afin que le bon Dieu nous préserve de tout accident fâcheux. » Nous avions déjà récité tant de prières ce soir-là, que je ne put retenir un sourire. Cependant je répondis de mon mieux au *Veni Creator*. Après cela, j'étendis le bras vers la lampe, mais je ne sais par quelle inspiration je l'emportai, pour l'éteindre à la salle à manger, où je n'entrais jamais à pareille heure. Que l'on juge de mon effroi quand, la lampe éteinte, j'aperçus de la clarté dans la cheminée ! C'était au cœur de l'été, depuis deux ou trois mois on n'y avait pas allumé du feu, elle était pleine de gros bois empilé et de papier jeté dessus ; deux bûches brûlaient déjà..... Voilà ce que je vis en enlevant le devant de cheminée..... Une heure de plus, et en pleine nuit nous étions victimes d'un incendie. L'inspiration que je dus visiblement à la prière de notre Père nous avait sauvées. »

Les prières de M. Margalhan étaient animées de cette foi qui obtient tout. A l'époque où la vigne fut atteinte du phylloxéra, le saint prêtre à qui la récolte de la campagne avait toujours fourni le vin nécessaire au saint sacrifice, se trouva dans une grande peine. Il était si délicat pour tout ce qui touchait à la sainte Eucharistie ! Comment faire ? Sa foi lui suggéra une ressource. M. Margalhan fait couper un fagot de provins qu'il place à côté de l'autel, il dit la messe du Saint-Sacrement et prie Notre-Seigneur de veiller lui-même sur la plantation nouvelle. Puis il fait mettre les provins en terre. Au bout de trois ans la jeune vigne que M. Margalhan appelait « *la vigne du bon Dieu* » donna du vin pour la messe et au delà, et elle a continué à en fournir : la foi du Père lui a porté bonheur.

Etait-ce cette même foi qui, à l'époque de la construction du couvent, lui donna un pressentiment de l'avenir d'une de ses nièces, enfant de onze ans ? C'était le jour de sa première communion, elle venait faire une visite à son oncle et elle n'avait jamais eu la pensée de se consacrer à Dieu. M. Margalhan lui fit visiter la bâtisse ; puis, quand il fut arrivé en face d'une cellule : « Terminez vite cette cellule, dit-il au maçon, elle est destinée à ma nièce que voilà. » L'enfant ne fit pas cas de cette parole. Plusieurs années après, elle entra au couvent ; or, le soir quand on la conduisit à la cellule qui lui était assignée, il se rencontra que c'était celle précisément devant laquelle son oncle s'était arrêté le jour de sa première communion. Ce fut alors seulement qu'elle s'en souvint et qu'elle le raconta.

VI

Parmi toutes les manifestations de la foi de M. Margalhan, nous devons citer sa dévotion au signe de la Croix. Pénétré de l'esprit des premiers chrétiens, il n'eût pas commencé l'action la plus insignifiante en elle-même sans en rehausser la valeur en la sanctifiant par ce signe sacré. Ainsi, avant de régler sa montre, de découper une image, etc., etc., il faisait le signe de la Croix. M. l'abbé Chéroutre, qui vécut près de lui pendant les dix-huit derniers mois de sa vie, ne pouvait s'empêcher de lui dire quelquefois : « Père, votre table sera bien bénie. » En effet, non content de bénir la table par les prières ordinaires et par plusieurs signes de Croix, M. Margalhan avait soin de tracer encore sur lui le signe de la rédemption avant de toucher à chaque plat. Il nous est facile de juger par là de la place que le signe de la Croix occupait dans les actions plus importantes de la journée. Cette fidélité à une pratique, hélas ! trop oubliée de nos jours, était à la fois la preuve et l'aliment de l'esprit de foi qui animait toutes ses actions.

Il avait inspiré le même esprit à ses premières Filles. La secrétaire a remarqué que l'une d'elles, la vénérée Mère M. A. de la Croix, dont elle fit la correspondance pendant sept ans, ne signait jamais une lettre sans avoir fait le signe de la Croix tout d'abord. C'était par le signe de la Croix que le vénérable Fondateur apprenait à ses Filles à triompher des assauts du malin esprit. Lorsqu'une Sœur allant se confesser lui découvrait ses tentations, il lui apprenait à combattre l'ennemi de tout bien par l'usage plus fréquent du signe de la Croix. Parfois il arrivait que, dominée par le découragement, par la crainte de mal recevoir le sacrement de pénitence ou par toute autre tentation, la Sœur ne cédait pas à l'exhortation qu'il lui adressait pour la remettre en bon chemin.

C'est alors que le saint prêtre avait recours à un moyen plus efficace que sa parole : il faisait réciter à sa pénitente les prières de l'Eglise, accompagnées de signes de Croix sur elle.

« Voici la Croix du Seigneur ; ennemis de « mon âme, fuyez. Le Lion de la tribu de Juda a vaincu. Par le signe de la Croix † de tous mes ennemis † délivrez-moi † Seigneur. »

C'était la dévotion au signe de la Croix qui portait M. Margalhan à user largement à l'égard de ses Filles de sa *grande bénédiction*, qu'elles aimaient à lui demander lorsqu'elles allaient le voir. *Benedictio Dei omnipotentis*, etc. *Et videas filios filiorum tuorum, pacem super Israël. In nomine Patris*, etc. Et avec combien de signes de Croix !

Cette bénédiction qu'il aimait à donner, il n'aimait pas moins à la recevoir. Nous l'avons vu maintes fois incliner ses cheveux blancs sous la bénédiction d'un jeune prêtre, et le prêtre édifié le bénir, de peur de le contrister s'il s'en excusait.

Nous serions fort embarrassées s'il nous fallait dire quelle est la dévotion que M. Margalhan n'eut pas. S'agissait-il du Sacré Cœur de Jésus ? C'était la douce prison où il se plaisait à enfermer toutes les âmes auxquelles il s'intéressait. De la sainte Vierge ? Mais il lui était consacré dès sa naissance, et le nom de « *la bonne Mère Marie* » était à chaque instant sur ses lèvres et il voulut que toutes ses religieuses l'ajoutassent au leur. Des saints Anges ? Oh ! comme il les aimait ! Avec quelle confiance il les priait en toute occasion et leur recommandait ses moindres entreprises ! Des *bienheureuses* âmes du purgatoire ? Les plus abandonnées étaient spécialement l'objet de ses prières.

Mais sa dévotion au Bon Larron surtout était célèbre. Son nom et celui du saint voleur sont devenus inséparables. Laissons parler ici M. l'abbé Chéroutre, qui a vécu dans son intimité pendant dix-huit mois.

« M. l'abbé Margalhan, dont toutes les inspirations avaient pour base la foi, ayant un jour jeté les yeux sur une gravure représentant le Bon Larron, sentit naître en lui une confiance tout à fait extraordinaire, en faveur des pécheurs arrivés aux limites de la vie, dans la puissance d'intercession de ce converti au moment de la mort. En effet, se disait-il, si quelqu'un, après son retour à Dieu, a senti tout ce que l'impénitence a de terrible, c'est bien celui qui a été suspendu au bord d'un précipice dont jusqu'alors il n'avait pu apprécier la profondeur. La sainteté n'est pas égoïste ; au contraire, elle désire rendre toutes les âmes participantes des biens dont elle jouit elle-même. D'ailleurs, il a été canonisé solennellement par Notre Seigneur Jésus-Christ lui-même, et, à ce titre, je me figure qu'il aura reçu les prérogatives d'un aîné de bonne et sainte famille. Son privilège doit être celui d'obtenir la conversion de ceux qui, arrivés comme lui à l'heure de la mort, n'ont pas encore ouvert les yeux à la vérité, ni laissé toucher leur cœur par les grâces ordinaires.

« En suivant cet ordre d'idées, le saint Fondateur arriva à la conclusion qu'il ferait faire, par la photographie, des imitations de la gravure qu'il avait entre les mains, pour les mettre à la disposition des gardes-malades, des prêtres et de toutes les personnes qu'anime la foi, afin qu'elles pussent s'en servir selon les circonstances, au profit des pécheurs obstinés.»

En effet, M. Margalhan ne voyait pas un prêtre, pas un missionnaire, pas une personne pieuse, sans leur recommander de recourir à saint Dismas quand ils avaient affaire à des pécheurs endurcis et en danger de mort, et de placer sous l'oreiller du malade, à son insu, une image du saint voleur. Bien des prêtres, aujourd'hui fort zélés pour le culte du Bon Larron, doivent à M. Margalhan l'expérience qu'ils ont faite de son pouvoir à l'égard des mourants, et lui ont raconté maintes fois, en le remerciant, des conversions qui pouvaient bien s'appeler des miracles de la grâce. M. Margalhan eût vivement désiré que ces conversions fussent relatées par les témoins et que l'on en fît un recueil. Il se plaisait à raconter celles qu'il connaissait, et éprouvait une joie intime lorsqu'il entendait les prêtres qui venaient le voir l'assurer que leur confiance dans le Bon Larron n'avait jamais été trompée quand ils l'avaient invoqué en faveur des mourants et s'étaient servis de son image.

Chose remarquable, et qui nous a été attestée par un prêtre : les photographies du Bon Larron, faites par l'ordre de M. Margalhan au couvent de Sainte Marthe et données gratuitement avaient une efficacité qui manquait souvent aux images livrées par le commerce, comme si la foi du saint prêtre leur eût communiqué une vertu particulière !

Son zèle pour étendre le culte du Bon Larron fut bien récompensé, car l'année même de sa mort, l'office du Bon Larron devint obligatoire avec une messe propre. Quelqu'un nous disait un jour à ce sujet : « Il n'y a pas un prêtre qui n'ait pensé à M. Margalhan le jour où l'on a célébré pour la première fois la sainte messe en l'honneur du Bon Larron. »

Sa dévotion au saint rosaire était très grande et il répétait souvent que le rosaire serait en nos jours, comme autrefois à Lépante, le salut de l'Eglise.

Il avait encore une grande confiance dans l'efficacité du *Salve Regina*, qu'il nous faisait réciter souvent, pour toutes sortes de nécessités, et qu'il faisait entrer dans presque toutes les neuvaines qu'il nous demandait : et l'année même de sa mort, le Souverain Pontife ordonna dans toute l'Eglise la récitation du rosaire et du *Salve Regina*.

Comme ses dévotions étaient bien dans l'esprit de l'Eglise !

VII

M. l'abbé Margalhan aimait d'un ardent amour *notre Sainte Mère l'Eglise,* qu'il ne nommait jamais autrement et dont il ne parlait qu'en donnant à sa voix l'accent d'un profond respect. Aussi quelle vénération professait-il pour son chef visible, notre Saint-Père le Pape ! Avec quelle joie salua-t-il la proclamation du dogme de l'infaillibilité, et se plut-il dès lors à multiplier ses actes de foi, en répétant : « Le Pape infaillible ! » Quelles larmes de tendresse filiale coulaient de ses yeux quand il nommait « le saint et immortel Pie IX ! » Et quel glaive traversait son cœur quand il entendait parler des attaques dirigées contre le Vicaire de Jésus-Christ ! Cela, il faut l'avoir vu pour en avoir l'idée.

En 1814, à Aix, il court au-devant de la voiture du pape Pie VII, revenant en triomphe de Fontainebleau, se précipite avec l'ardeur de la jeunesse aux pieds de l'auguste captif et reçoit sa bénédiction. Et toute sa vie il conserva le souvenir de cette heureuse rencontre.

Il s'était prosterné, en 1841, aux pieds de

Grégoire XVI ; en 1862, aux pieds de Pie IX ; il ne put, hélas ! — ses infirmités l'en empêchaient — se prosterner de même aux pieds de Léon XIII ; mais il signa avec émotion l'adresse que ses Filles faisaient parvenir au Saint-Père, et qui avait été écrite, en 1878, on peut le dire, sous la dictée de son cœur.

Il ne se bornait pas à un stérile amour : il avait ordonné que tous les jeudis la Communauté fît la sainte communion pour notre Saint-Père le Pape et pour l'Eglise, et tant qu'il fut valide, il ne se fût jamais retiré de la chapelle, après la messe ou la bénédiction du Saint-Sacrement, sans lui avoir fait réciter un *Pater* et un *Ave* aux mêmes intentions.

Au milieu des infirmités qui rendirent si douloureuse la fin de sa vie, sa pensée dominante était toujours le triomphe de la cause de Dieu, et sa première question était celle-ci : « Comment vont les choses ? Où en sommes-nous ? »

De cet amour découlait une soumission absolue à l'autorité ecclésiastique, que ses décisions dussent ou non lui imposer les plus pénibles sacrifices. Quand la sainte Eglise avait prononcé, tout en lui s'inclinait et disait : « Je crois ! » Quand ses représentants avaient ordonné, quels que fussent les déchirements de son cœur, il se soumettait sans une protestation, sans un murmure, et il disait de même : « J'obéis ! »

De là aussi sa fidélité à toutes les prescriptions de la sainte liturgie. Il s'y conformait avec une délicatesse que plusieurs traitaient de scrupule. Ainsi, le vin de la messe dont il ne se servait qu'avec une entière certitude de sa provenance, quand la récolte du couvent n'avait pas suffi, qu'il emportait la plupart du temps quand il allait en voyage, dans la crainte d'avoir à se servir d'un vin fraudé et qu'il faisait goûter avant sa messe, quand il doutait d'un commencement de fermentation. Il ne se fiait même pas à son odorat. Ainsi encore, les linges d'autel et les ornements sacerdotaux. Il tenait à ce que les aubes dont il se servait fussent tout entières de lin : c'était, disait-il, l'intention de l'Eglise. En vain lui alléguait-on l'usage : « Les autres prêtres, lui disait-on, se servent bien d'aubes où la garniture est presque tout. — S'ils le font, répondait-il, c'est que leur conscience le leur permet ; leur intention est bonne ; mais pour moi, je ne puis pas, j'agirais contre ma conscience. » Ainsi encore la cire liturgique ;

ainsi l'huile d'olive qui alimentait la lampe du Très Saint-Sacrement et qu'il fournissait de ses deniers. Qand il voyait un grand nombre de bougies à l'autel les jours de fête : « Que croyez-vous faire avec vos cierges de stéarine ? » disait-il à la sacristine, « l'intention de notre sainte Mère l'Eglise est de brûler de la cire et non pas de la graisse ! »

Une de ses dernières volontés fut que la Communauté n'employât que de l'huile d'olive pour la lampe du sanctuaire.

Cette rigidité, qui s'étendait aux moindres détails, embarrassait quelquefois ses confrères dont plusieurs, même parmi les plus pieux, trouvaient que son exemple désespérait tout le monde ; mais M. Margalhan passait outre et n'en continuait pas moins à chercher la perfection dans les moindres détails de son ministère sacerdotal.

Il aimait la prière liturgique, et attachait la plus grande importance à ce que l'on suivît les offices de l'Eglise, en priant Dieu comme elle le prie. Il avait coutume de dire que les prières particulières, même les meilleures, n'ont pas l'efficacité du moindre mot des prières de l'Eglise inspirée et assistée par le Saint-Esprit.

C'est pour cela qu'il établit parmi nous l'usage que toute la Communauté répondît aux prières du prêtre pendant la sainte messe ; et s'il arrivait que quelques religieuses, distraites ou occupées d'autres bonnes pensées, oubliassent de répondre, il ne manquait pas de leur répéter : « Croyez-vous que vos prières particulières valent mieux que celles de notre sainte Mère l'Eglise ? » Il en était de même pour les chants : à tous les cantiques en langue vulgaire chantés pendant la messe les jours de fête, il préférait, comme plus agréables à Dieu, les chants liturgiques et les jours de fête de la sainte Vierge, l'*Ave Maris Stella* et le *Magnificat*. Et il voulait que chacune donnât sa voix, quelque faible qu'elle fût, aux psaumes et aux hymnes de l'Eglise.

Sa sollicitude pour le Saint-Sacrement était extrême. En 1871, quand arrivèrent les horreurs de la Commune, il n'eut que deux craintes : l'une pour la sainte Eucharistie et l'autre pour ses Filles. Pendant bien des jours, redoutant des profanations, il ne conserva point la sainte réserve et ne consacra, chaque matin, que le nombre d'hosties nécessaires pour la communion. Parmi les prêtres qui venaient le voir, plusieurs lui disaient : « Si les communards viennent nous attaquer, nous prendrons des armes et nous saurons nous défendre. » Ils tenaient ce langage avec d'autant plus de raison qu'une liste de mort avait été dressée, disait-on, et que dans cette liste peu de prêtres étaient épargnés. M. Margalhan répondait en montrant son chapelet : « Voici mon arme, je n'en prendrai pas d'autre. » Mais, tranquille pour lui-même, il avait ordonné que l'on prît toutes les mesures de prudence qui, au moment du danger, assureraient du secours à ses religieuses. Enfin, on sut que le nom de M. Margalhan n'était pas sur la liste fatale ; ses amis vinrent le lui apprendre en le félicitant : « Voyez, Père, lui dirent-ils, non seulement vous avez la confiance des bons, mais les méchants eux-mêmes vous respectent et personne ne vous fera aucun mal. » M. Margalhan baissa la tête, ses yeux se remplirent de larmes : « Hélas ! mes amis, dit-il, je suis un bien grand pécheur, puisque je ne suis pas digne de mourir pour la foi ! »

A défaut de sang, M. Margalhan donna des larmes, le sang du cœur. Le péché lui causait une horreur souveraine ; une de ses recommandations les plus pressantes était celle-ci :

« Et surtout ayez horreur du péché. » « Plein de la foi des patriarches, a pu dire un de ses amis, il ne regardait que la gloire de son bon Maître ; le péché, le blasphème, le scandale qui nous inondent comme un déluge, dans ces tristes temps, était le sujet de ses gémissements continuels et causaient à cette âme si pure les plus cruels chagrins (1). »

VIII

Plusieurs fois dans le cours de ce récit nous avons parlé des aumônes sans nombre de M. Margalhan. Il se dépouillait tellement, qu'à sa mort on ne trouva absolument rien chez lui, pas même des messes pour le repos de son âme. Heureusement la personne chargée de ses dépenses, sage et prévoyante, avait discrètement économisé sou par sou une petite somme que la Communauté employa à faire offrir le saint Sacrifice pour le repos de l'âme de son pieux Fondateur.

Mais sa charité envers le prochain revêtait

---

(1) M. le chanoine Jame, vicaire général de Gap.

toutes les formes. « On peut dire qu'il fut un de ces hommes pacifiques auxquels Notre-Seigneur donne le titre d'enfants de Dieu. Les contestations lui faisaient horreur, et, pour les éviter, il n'est point de sacrifices auxquels il ne se fût soumis. Les épreuves en ce genre ne lui ont pas manqué. Que n'exploite-t-on pas en certain monde où l'on ne connaît point les scrupules de la justice? Cette disposition connue de son cœur devint, de temps en temps, un but où l'adresse sans vergogne portait ses coups, convaincue qu'elle n'avait aucun danger à craindre sur ce terrain (1). »

Que n'eût-il point fait pour empêcher tout ce qui pouvait contrister le prochain ! Un jour, il vit de sa fenêtre deux hommes qui se battaient dans le chemin. « Mes amis, cria-t-il d'une voix suppliante, ne vous battez plus ! » Ils s'arrêtèrent, et l'un d'eux commença d'accuser son compagnon : « C'est lui, dit-il, qui... » Et M. Margalhan, sans en entendre davantage : « Mon ami, reprit-il, si l'on a eu des torts à votre égard, pardonnez-les, mais, au nom de Dieu, ne vous battez plus ! » Le ton paternel de cette voix

---

(1) M. l'abbé Chéroutre.

émue, le respect dont M. Margalhan était l'objet de la part de tous, firent cesser sur-le-champ une querelle qui menaçait de tourner mal.

Il ne pouvait pas souffrir la moindre parole de critique à l'égard du prochain. « Cette répulsion pour toute médisance était si caractéristique et si vive, qu'au moindre mot blessant sur le compte du prochain, les traits de son visage se contractaient, et quand le silence qui accompagnait ces impressions pénibles ne suffisait pas pour détourner la conversation, il ne tardait pas à prendre la défense de l'absent plus ou moins maltraité (1). » — « Mais, objectait-on parfois, c'est le journal qui le dit. — Le journal peut se tromper, parlons d'autre chose. — Mais tels faits sont devant nous, évidents, palpables, les peut-on nier? — L'action n'est pas bonne, soit, mais l'intention peut l'être, et Dieu seul voit le fond des cœurs. Il ne faut pas juger, encore moins condamner le prochain dans notre esprit, c'est usurper les droits du bon Dieu, et vous connaissez la parole de l'Evangile : « Ne jugez pas et vous ne serez pas jugés. »

(1) M. l'abbé Chéroutre

Il nous plaît de redire ici les paroles de saint Paul : « La charité est patiente ; elle est douce et bienfaisante ; la charité n'est point envieuse ; elle n'est point précipitée ; elle ne s'enfle point d'orgueil ; elle n'est point dédaigneuse ; elle ne cherche point ses propres intérêts ; elle ne se pique et ne s'aigrit point ; elle ne pense point le mal ; elle ne se réjouit point de l'injustice ; mais elle se réjouit de la vérité ; elle supporte tout ; elle croit tout ; elle espère tout ; elle souffre tout. » (1) Pas un de ceux qui ont connu M. Margalhan, qui n'en puisse rendre le témoignage : ce portrait, c'était bien le sien !

Les vertus de M. Margalhan se fondaient dans une délicieuse simplicité. « Si je fus frappé de l'ardeur de son zèle, dit un témoin oculaire (2), je ne remarquai pas moins cette charmante simplicité de l'esprit et du cœur qui le caractérisait. L'esprit simple n'a qu'une pensée, Dieu en est l'objet. Le cœur simple n'a qu'un désir, qui est l'accomplissement de la volonté divine. Or, le bon Père Margalhan voyait Dieu en tout, et tout en Dieu, par la vivacité de sa foi. Il avait vraiment cet *œil simple* dont Notre-

(1) I Corinth., XIII, 4-7.
(2) R. P. Bauté.

Seigneur a dit : « Si votre œil est simple, tout votre corps sera lumineux ; » cet œil simple, en d'autres termes, cette pureté d'intention qui ne regarde que Dieu. Et j'en trouve la preuve précisément dans ce corps lumineux dont Dieu l'a revêtu, dans cet Ordre de religieuses qui a été la joie et le bonheur de sa vie, et qui est aujourd'hui sa couronne de gloire pour l'éternité.»

La simplicité de M. Margalhan ! Son âme, limpide et transparente comme le cristal, n'avait rien à cacher : tout y était piété, pureté, humilité, charité. Etranger à la politique du siècle, il apportait dans toutes ses relations la candeur d'un petit enfant ; et cette simplicité qui laissait voir tant de désintéressement et d'oubli de soi, tant d'estime des autres, un si grand amour de la vérité, un si vif désir de faire du bien aux personnes qui l'approchaient, était le charme puissant qui lui attachait ceux qui l'avaient vu de près et qui leur faisait dire : « C'est un saint. »

Il nous plaît de voir M. Margalhan, le jour de sa fête, entouré de sa famille religieuse et des enfants élevées dans la maison : les unes et les autres traduisaient à l'envi par des chants leur vénération filiale. Il repose son regard avec une tendresse paternelle sur toutes ces âmes que Dieu lui a données, et en même temps il accompagne d'une basse joyeuse et sonore les chants qui le fêtent, comme si rien n'y était à sa louange.— Bon Père, mais y pensez-vous ? Comprenez-vous que vos Filles chantent vos vertus ? — M. Margalhan aime ses enfants comme la prunelle de ses yeux, et toujours il a aimé la musique ; voilà pourquoi il chante : mais si dans ces couplets il y a une louange pour lui, à coup sûr M. Margalhan n'en sait rien !...

Ainsi, pour résumer ces pages, « tout dans sa conduite, dans ses paroles, dans sa vie laissait voir l'homme qui se nourrit habituellement des pensées de la foi (1) », d'une foi « vive et ardente, capable d'opérer des miracles (2) ». Eh bien ! cet homme juste craignait la mort. « *Il était si grand pécheur !* » Aussi n'y avait-il pas une de ses religieuses, pas un de ses amis, qu'il ne sollicitât mille fois de demander pour lui la grâce d'une bonne mort. Il l'avait tant de fois répété aux élèves de la maison, qu'elles ne manquaient pas d'ajouter, en lui

(1) R. P. de Carmejane, S. J.
(2) R. P. J.-B^{te} Blanc. S. J.

offrant leurs vœux de bonne année : « Et nous demandons pour vous la grâce d'une bonne mort », vœu naïf dont les maîtresses ne parvenaient pas toujours à arrêter l'expression.

Nous n'avons point parlé de la direction que M. Margalhan donnait à ses religieuses. A l'exemple du Maître « qui pratiqua et enseigna », le vénéré Fondateur laissait sa bouche parler de l'abondance d'un cœur rempli de Dieu, et sa direction pourrait se résumer tout entière dans une parole de l'*Imitation* : « Tout ce qui n'est pas Dieu n'est rien et ne doit être compté pour rien. » Ses efforts incessants tendaient à bannir de l'âme ce qui n'est pas Dieu seul. Pour lui, tout convergeait là.

Ce n'était pas dans ses instructions, dans ses conférences, ni même au saint Tribunal, que M. Margalhan laissait tomber les perles les plus précieuses de son écrin, c'était le plus souvent dans la conversation familière, quand un mot l'y amenait.

Ainsi, un jour, une de ses religieuses lui dit : « Mon Père, comment les paroles de Jérémie, *Sedebit solitarius et tacebit quia levavit super se*, s'appliquent-elles à Notre-Seigneur ? » Le bon Père les traduisit ainsi : « Il s'assiéra solitaire et il se taira, parce qu'il s'est élevé au-dessus de lui-même »; et partant de là, il fit voir à la religieuse ce qu'il y a de beau et de grand dans la pratique du silence. Ce n'était pas seulement l'acte matériel qui consiste à ne pas parler, mais l'acte d'adoration et d'amour d'une âme qui s'efforce d'oublier les créatures et tout ce qui passe, et de s'oublier elle-même pour penser à Dieu seul. C'était encore le fruit de l'union avec Dieu. Comment une âme remplie de la pensée de Dieu, comment une âme qui aime à s'entretenir avec Dieu, peut-elle trouver du plaisir à parler aux créatures qui l'en détournent ? Elle ne leur parle que par nécessité, mais elle a hâte de retourner à son silence. « Mon enfant, souvenez-vous que Dieu, pour parler à l'âme, veut la trouver seule, et qu'une personne qui n'aime pas la pratique du silence ne s'élèvera jamais au-dessus d'elle-même. Voilà ce que Jérémie vous enseigne et ce que Notre-Seigneur, qu'il prédisait, vous a enseigné, quand il se dérobait à la foule pour se retirer dans la solitude et s'entretenir avec son Père. »

De semblables enseignements ne s'oublient pas. Ce n'était pas des sermons : c'était un cœur plein de Dieu qui débordait. Pour les âmes qui ont pu en être favorisées, c'est une grâce insigne, dont elles conserveront toute leur vie le précieux souvenir !

CHAPITRE VI

Les Fondatrices

I. Sœur Catherine du B. Jean-Baptiste de la Conception. — II. Sœur M. de la Purification.— Sœur M. de l'Incarnation. — Sœur M. de l'Immaculée-Conception. — III. Sœur M. de la T. Sainte-Trinité. — IV. Sœur M. Adélaïde de la Croix. — V. Sœur M. du Sacré-Cœur. — Sœur M. de Saint Michel Archange. — VI. Sœur M. de Sainte-Delphine.

L'Esprit-Saint a proclamé heureuse et bénie la postérité du juste ; il a proclamé bienheureux l'homme qui se voit entouré d'une famille digne de lui, à qui ses enfants forment une couronne d'honneur, et qui peut les opposer à ses ennemis comme la plus victorieuse réponse.

Nous ne pouvons parler longuement des premières Filles de M. Margalhan : l'espace ne nous le permet pas, mais le peu que nous en dirons suffira pour faire retrouver en elles le cachet de simplicité, d'humilité, de vertus fortes et généreuses que le vénéré Fondateur avait imprimé à son œuvre.

Les premières fondatrices furent : Sœur Catherine du B. Jean-Baptiste de la Conception, Sœur M. de la Purification, Sœur M. de l'Incarnation, Sœur M. de l'Immaculée-Conception, Sœur M. de la T. Sainte-Trinité, Sœur M. du B. Jean-Baptiste de la Conception et Sœur M. Adélaïde de la Croix.

Nous dirons un mot de chacune d'elles, à l'exception de la Sœur M. du B. Jean-Baptiste de la Conception, qui est encore parmi nous. Car nul ne doit être loué de son vivant. Qu'il nous soit permis cependant de rappeler que, grâce à ses souvenirs précieux, nous avons pu faire revivre la physionomie de notre Père. Nous lui en devrons une éternelle reconnaissance.

A ces noms nous avons ajouté celui de la Sœur M. du Sacré-Cœur de Jésus, qui fit sa profession en même temps que les fondatrices; celui de la Sœur M. de Saint Michel Archange, qui la fit deux mois après et celui de la Sœur M. de Sainte Delphine, comme bienfaitrice insigne.

I

La première place dans cette esquisse appartient à notre Mère Marie Catherine du B. Jean-Baptiste de la Conception. Dès ses plus jeunes années elle avait été l'édification de la paroisse de Sainte-Marthe et sa jeunesse n'avait connu que les travaux et les joies de la famille, et les douceurs d'une vraie et solide piété. A l'âge de dix-huit ans, elle s'engagea dans les liens du mariage par obéissance à la volonté de ses parents et presque sans y avoir pensé elle-même. Il semblait qu'elle dût goûter le bonheur dans cette union ; son mari était bon pour elle, mais un accident aussi terrible qu'imprévu vint troubler cet intérieur si uni. Le mari de cette pieuse femme tomba un jour d'une fenêtre et faillit se tuer. On appelle Catherine, elle accourt. Quel spectacle ! L'émotion violente que Catherine éprouva en voyant son mari étendu sanglant sur le pavé lui causa des attaques de nerfs dont la violence semblait parfois la réduire à la dernière extrémité, et que la moindre cause renouvelait. Elle fut guérie, M. Margalhan le raconte lui-même, par l'attouchement d'une relique du B. Jean-Baptiste de la Conception. Son mari cependant n'avait plus recouvré la santé. Elle n'usa de la sienne que pour le soigner avec un dévouement, une douceur et une patience sans bornes. Enfin son mari succomba, et Catherine ne songea plus qu'à retracer en elle les traits de la veuve chrétienne, telle que la décrit saint Paul, détachée du monde et tout entière à Dieu.

Appelée par un attrait divin à consacrer le reste de ses jours à la vie religieuse, Catherine entra avec bonheur dans la nouvelle communauté de Sainte-Marthe. Au lendemain de la fondation, elle fut nommée supérieure de la congrégation naissante. Il est rare de trouver réunies à un égal degré les qualités qui font la supérieure accomplie. D'un esprit droit, d'un jugement sûr, sa perspicacité et la fermeté de son caractère égalaient la bonté et la délicatesse de son cœur ; austère et tendre tout à la fois, elle allait d'instinct à tout ce qu'il y a de plus parfait dans l'abnégation religieuse et savait admirablement y exercer les autres. Une imperfection lui était-elle échappée, elle s'en humiliait publiquement, plus qu'elle ne l'eût exigé de la dernière novice. Eprouvait-elle quelque peine, elle prenait un air joyeux et chantait des cantiques. Voyait-elle souffrir une Sœur, elle n'avait point de repos qu'elle ne l'eût consolée par la compassion la plus délicate en même temps qu'elle la réconfortait par les pensées de la foi. Mais craignait-elle que la charité ne fût blessée, se trouvait-elle en face de l'orgueil, de la fierté, de la hauteur, de l'estime secrète de soi-même, la vue de l'éternel obstacle à la grâce divine lui rendait sa sévérité naturelle et elle poursuivait l'ennemi sans pitié jusque dans ses derniers retranchements.

Elle quitta l'exil le 19 juin 1864. Notre Mère M. A. de la Croix, qui lui avait succédé dans le gouvernement de la Communauté en 1851, était près d'elle à ses derniers moments, l'exhortant à se mettre dans les bras de Notre-Seigneur. « Plutôt dans son cœur ! » dit-elle. Ce furent ses dernières paroles.

II

La vocation de notre chère Sœur M. DE LA PURIFICATION fut évidemment providentielle.

Quand M. Margalhan la reçut au nombre

des fondatrices, ses longues et fréquentes maladies, son teint pâle, sa maigreur, semblaient prédire que le drap des morts la couvrirait avant qu'elle eût le temps de recevoir le voile des épouses de Jésus-Christ. A peine eut-elle commencé l'apprentissage de la vie religieuse, que sa santé se fortifia. Elle avait fait dans le monde un rude essai de la pauvreté ; cette vertu resta pour elle un besoin et un bonheur. C'était une âme de foi, qui allait droit à Dieu en toute simplicité de cœur, et dont le dévouement à tous les travaux ne se démentait jamais. Elle mourut le 14 avril 1883.

Notre Sœur MARIE DE L'INCARNATION était une conquête de la grâce. Jusqu'à l'âge de dix-huit ans, il ne semblait pas que Dieu dût faire un instrument de sa Providence de cette jeune fille qui préférait le plaisir à la prière. Cependant sous cette enveloppe mondaine se cachait une âme généreuse. Un jour, pendant une mission, en 1835, Dieu lui fit entendre sa parole et dès ce moment son amour remplaça l'attrait des vanités du monde. Elle se donna à lui avec ferveur et, le premier pas fait, elle ne recula plus ; on vit, au contraire, sa piété augmenter de jour en jour. En 1845, elle rompit tous les liens qui l'attachaient aux choses d'ici-bas pour se donner à l'œuvre de M. Margalhan. Elle eut beaucoup à souffrir ; les épreuves de toutes sortes, les peines de cœur surtout, ne lui furent pas épargnées. Il lui fallut refouler les sentiments les plus chers de la nature pour résister aux larmes, aux prières, aux instances des siens, qui ne pouvaient se résigner à son absence.

Elle en triompha toujours, et elle ne répondait aux combats du dehors qu'en s'appliquant avec un zèle plus soutenu à la pratique de nos saintes Règles et de l'obéissance religieuse. Ainsi armée de fortes et solides vertus, elle pouvait se livrer à l'exercice des œuvres extérieures de charité ; aussi fit-elle du bien partout où elle passa. Non seulement elle ramenait au bon Dieu des pécheurs endurcis auprès de qui le prêtre n'avait pu pénétrer, mais encore elle laissait les familles de ses chers malades tout embaumées du parfum de sa piété et de sa charité. Sa mission terminée, elle ne vivait plus que pour la prière et se préparait par un redoublement de régularité à une mission nouvelle. Huit jours avant sa mort, elle arracha encore à l'enfer une âme éloignée de Dieu depuis longtemps. Sa mort, comme celles de nos vénérées Mères Catherine du B. Jean-Baptiste de la Conception et M. A. de la Croix, fut bien le baiser du Seigneur ; comme elles, après une vie remplie d'œuvres saintes, elle voyait le ciel s'ouvrir et elle y allait tranquillement. Au moment où elle rendit le dernier soupir, le matin du Samedi saint 1877, le prêtre entonnait le *Gloria in excelsis* et les cloches lançaient dans les airs leurs plus joyeuses volées, comme pour nous dire : *Beati mortui qui in Domino moriuntur.*

Dieu se contenta du sacrifice de la Sœur MARIE DE L'IMMACULÉE-CONCEPTION, car elle mourut au début de la vie religieuse. On la vénérait à Sainte-Marthe comme une sainte, et nul, parmi ceux qui la connaissaient, qui ne fût convaincu qu'elle avait conservé l'innocence de son baptême.

III

Notre chère Sœur MARIE DE LA SAINTE-TRINITÉ était, par le sang et par les vertus, sœur de la vénérée Mère Catherine du B. Jean-Baptiste de la Conception, Le jour de sa sainte mort, 24 janvier 1890, nous écrivions ces lignes :

« Huit jours de maladie environ avant l'heure qui nous l'a ravie !... Eh bien, jusqu'à cette dernière semaine, notre chère Sœur, fidèle à toutes les prescriptions de la Règle, ne manquait jamais d'être rendue au son de la cloche à l'oraison du matin. Depuis longtemps ses infirmités s'étaient multipliées et tout son corps n'était pour ainsi dire qu'une douleur. Afin que le peu de liberté de ses membres ne l'empêchât point d'arriver à l'heure à la chapelle, elle se levait une demi-heure avant la Communauté, en quelque saison que ce fût. Eût-elle songé seulement à demander un de ces adoucissements auxquels son grand âge et ses longs travaux lui eussent donné droit ? Jamais !... La Règle ! la Règle encore ! la Règle toujours !... Elle ne connaissait que cela. Quelle devait donc être la ferveur des premiers jours de sa consécration à Dieu, si à soixante-quinze ans, après quarante-cinq ans de religion, elle ne connaissait pas encore les dispenses ? Comment supportait-elle à trente ans les privations que nos fondatrices endurèrent toutes au soin des malades, dans des maisons où elles avaient juste de quoi ne pas mourir de faim, elle que nous avons vue, exténuée par l'âge, ne rien demander, ne rien désirer, se contenter de tout ?

« ..... Notre vénéré Père avait modelé ses Filles selon son cœur. Sans doute, leur fervente jeunesse fut agréable à Dieu, mais leurs vertus, enrichies de l'auréole d'une vieillesse sainte, nous paraissent encore plus admirables. S'il est beau de voir une âme jeune et ardente plier sous le joug de l'obéissance, que dirons-nous des cheveux blancs qui s'inclinent avec une simplicité d'enfant devant toute supérieure ? L'autorité, en quelques mains qu'elle fût, avait, aux yeux de notre vénérable ancienne, un caractère divin ; elle se plaisait à multiplier les témoignages de respect envers celles qui avaient reçu de Dieu mission de commander, et demandait les moindres permissions avec une ferveur de novice. Le jour où, presque mourante, elle se mit au lit, elle ne demanda même pas à être dispensée de la récitation de l'office, mais elle fit dire à notre Révérende Mère : « Que faut-il que je fasse ? » C'était, jusqu'au bout, l'esprit de la parfaite obéissance.

«Comme à toutes nos fondatrices, la pauvreté lui était particulièrement chère; elle la regardait, avec raison, comme le rempart de la vie religieuse ; aussi, non contente de la pratiquer avec un soin jaloux, insistait-elle en toute occasion pour que l'on y formât bien les novices.

« Lorsqu'il lui fallait donner son avis, elle le faisait avec droiture et simplicité, sans se laisser arrêter par les considérations humaines. Cette franchise, bien qu'alliée à un grand esprit de charité, se ressentait parfois de son caractère vif et presque fougueux, car là était l'ennemi pour elle. Mais aussi, par quelles humiliations elle rachetait sa vivacité ! Quand un mot avait pu faire de la peine, elle en souffrait plus que la personne blessée ; sa conscience, très délicate, ne savait pas trouver d'excuses ; et la dernière novice pouvait entendre la vertueuse septuagénaire lui dire : « Ma Sœur, je vous demande pardon. »

Une maladie de huit jours nous l'enleva. Elle mourut avec toute sa connaissance ; et voici ses dernières paroles : « *O clemens !... ô pia !...* » Fidèle jusqu'au bout à son esprit de prière, elle avait rendu son âme à Dieu en appelant sa Mère du ciel.

IV

Notre Révérende Mère M. Adélaïde de la Croix, dans le monde : Mlle Adèle Monboucher, a laissé parmi nous un souvenir impérissable. Elle était la vingt et unième enfant d'une de ces unions chrétiennes si rares de nos jours. Elle fut, comme ses frères et sœurs, élevée dans la crainte de Dieu et la pratique des vertus chrétiennes. Ses parents étaient riches, son père avait un grand commerce de vins et plusieurs maisons à Marseille. Mais il fut enlevé rapidement et au bout de quelque temps il fallut tout vendre, à l'exception d'une campagne où Mme Monboucher et ses trois filles se retirèrent. Adèle avait reçu une éducation soignée, mais à la suite de tous ces revers elle vécut de privations. A la campagne, les jeunes filles se levaient avant le jour pour cueillir et préparer les légumes qui devaient être portés au marché. Le reste du jour, elles exécutaient des travaux de broderie dans lesquels elles excellaient. Elle aima l'obscurité de la vie que la Providence lui avait faite, et, la lumière divine éclairant son âme, elle ne désira plus que de vivre dans un couvent pauvre où tout lui rappelât davantage Bethléem. M. Margalhan reconnut vite chez elle des signes évidents de vocation divine; cependant il n'y avait pas d'apparence qu'Adèle pût supporter jamais les fatigues de la vie religieuse. A l'époque de la fondation notamment, elle fut malade pendant six mois, ne vivant que de lait et de pain cuit, et un jour que, la voyant mieux, on voulut lui donner une bouillabaisse, ses vomissements de sang la reprirent. Malgré cela, son désir de se consacrer à Dieu était toujours aussi ardent; aussi le R. P. Bernard (1), son confesseur, finit par dire à sa mère : « Laissez-la aller au couvent, elle mangera des pommes de terre et des haricots et vous la conserverez. » Ce qui eut lieu en effet ; et pendant ses trente-deux ans de vie religieuse elle fut constamment, malgré sa frêle santé, une Règle vivante. L'austérité même de la Règle ne suffisait pas à sa ferveur, et dans ses macérations secrètes nous savons qu'elle la dépassa.

Parlerons-nous de son amour pour la sainte

---

(1) Oblat de Marie.

pauvreté ?... Il nous semble la voir encore, vêtue de son habit de drap blanc, devenu par un long usage clair comme de la mousseline : le tissu primitif avait disparu sous les reprises ajoutées aux reprises. Elle était vraiment belle ainsi, sous les livrées de Bethléem, avec cet air toujours serein, affable, où la simplicité religieuse se mêlait à sa distinction naturelle. Son abord seul disait : « Elle n'est pas de la terre. »

Elle n'en était pas, en effet : l'habitude de vivre en la présence de Dieu lui faisait voir en tout la volonté divine. Tout pour elle était pur, parce qu'elle regardait toutes choses à la lumière de la Sainteté incréée. Un jour, une de ses Filles vint à elle en maudissant le parloir. où des paroles imprudentes avaient troublé son âme virginale. « Pourquoi vous inquiétez-vous ? répondit la digne Mère. Est-ce que Dieu n'est pas saint dans toutes ses voies ? Est-ce qu'il y a un seul des mystères de la nature et de la grâce qui ne prêche sa puissance et sa sagesse infinies ? Laissez les mondains se traîner terre à terre et souiller de leur corruption les œuvres de Dieu les plus admirables ; ce qui appartient aux âmes religieuses, c'est de chanter le *Sur-*

sum corda et de dire, avec les enfants de la fournaise : « Cieux et terre, bénissez le Seigneur. »

Notre Mère de la Croix portait ces vues de foi partout. Attentive à condamner en elle les imperfections les plus légères, elle aimait à insister sur la pureté de cœur qui doit être la préparation incessante à l'oraison : « Faute d'attention à fuir le péché véniel, disait-elle souvent, le cœur n'est pas suffisamment préparé à recevoir la lumière divine ; est-il étonnant qu'ensuite l'âme languisse dans l'oraison ?... Et par un retour nécessaire, que de négligences, que de manquements viennent d'une oraison mal faite !... »

Etait-ce cette continuelle vue de Dieu par la foi qui la rendait si habile dans la direction de ses Filles ? Elle savait se faire toute à toutes, se proportionner à leur faiblesse ; elle suivait la grâce et ne la devançait point, mais s'appliquait toujours à tout surnaturaliser.

Un jour, une Sœur se plaignit à elle de quelque contrariété qu'elle avait éprouvée dans son emploi. Notre Révérende Mère écoutait en silence. Quand la Sœur eut fini, elle prit le crucifix et le baisa avec dévotion, en disant : « Mon

Jésus, je croyais que votre épouse voulait souffrir quelque chose pour vous !... Mon Jésus, je vous demande pardon pour l'injure que vous fait votre épouse en refusant de souffrir une petite contrariété », etc. Quand la Sœur entendit cette amende honorable, elle ne songea plus à se plaindre et s'humilia de la faiblesse qu'elle avait montrée.

Une autre fois, une novice lui raconta qu'elle venait de résister à la Mère maîtresse. Notre Révérende Mère lui dit : « Pour cette belle chose que vous avez faite, vous mériteriez bien une image ! » Et la novice de répondre en suppliant : « Oh ! notre Mère, donnez-la-moi ! » Fallait-il gronder ? Notre Mère M. A. de la Croix fit mieux ; elle chercha une image représentant le saint enfant Jésus, et écrivit au bas : « Souvenir de la D... (*désobéissance*). » La novice l'emporta, confuse et heureuse tout à la fois ; et depuis vingt ans et plus, elle conserve *le souvenir de la désobéissance* qui lui a épargné plus d'une faute et fait faire plus d'un acte de contrition.

La vie religieuse a parfois ses heures difficiles ; notre Mère était heureuse quand, pour faire accepter un sacrifice, elle pouvait se servir de cette formule : « Pour le Sacré-Cœur ! »

Depuis 1851 la vénérée Mère portait le fardeau de la Supériorité, devenu de plus en plus lourd à mesure que la Congrégation s'était accrue. Elle avait été en même temps maîtresse des novices de 1847 à 1866. A l'exception des fondatrices, nulle Sœur qui n'eût été formée par elle à la vie religieuse ; aussi était-elle obéie avec une confiance et un amour filial qui bien souvent effrayaient sa conscience délicate. « Qui sait, disait-elle, si leur affection pour moi ne diminue pas le mérite de leur obéissance ? » En 1875, à l'époque des élections, cette crainte se fit sentir plus vivement que jamais. Elle écrivit à Mgr Place, le priant d'accepter sa démission. La réponse ne se fit pas attendre : c'était un ordre de se soumettre à la décision du chapitre général. Notre Révérende Mère appela sa secrétaire, et, lui montrant la lettre de Sa Grandeur, lui dit avec des larmes : « Je le vois bien, il faut me résigner à mourir Supérieure ! »

Elle mourut Supérieure, en effet, le 21 novembre 1876. Il n'y eut qu'un concert de louanges autour de son tombeau. Parmi ses Filles, les unes disaient son ardente dévotion à la

Très Sainte-Trinité, les autres sa tendre dévotion à la Sainte Vierge, toutes son esprit d'oraison, d'humilité, d'obéissance, son inépuisable dévouement à leurs âmes. Les médecins qui l'avaient soignée avaient été édifiés de son abandon entre les mains de Dieu ; Mgr Terris, évêque de Fréjus, et les prêtres que leurs relations avec M. Margalhan, ou les devoirs de leur ministère avaient mis en rapport avec la Communauté, admiraient son esprit d'abnégation et de sacrifice, l'élévation de son cœur, sa rare prudence, une vertu éminente jointe à une capacité hors ligne. Et Mgr Place, ajoutant l'autorité de son jugement à tous ces témoignages de vénération et de regret, exprimait le désir que la vie de la Révérende Mère de la Croix fût écrite, pour transmettre à la génération religieuse à venir la mémoire de ses vertus.

V

Notre chère Sœur Marie Rose du Sacré-Cœur avait demandé à Dieu, le jour de sa vêture, de souffrir toute sa vie.

Ce vœu fut pleinement exaucé. Sa nature

ardente, énergique, presque indomptable, jointe à une grande perspicacité, à un esprit pénétrant, à un jugement droit et sûr, en faisait une de ces âmes qui sont puissantes pour le bien quand elles savent s'immoler à Dieu. La crainte de Dieu, la terreur de ses jugements, le sentiment très vif du respect dû à la majesté divine, une délicatesse de conscience qui lui reprochait amèrement les moindres fautes, étaient tout ensemble son aiguillon, son frein et sa croix. Toute sa vie fut remplie de peines intérieures inexprimables auxquelles s'ajoutèrent à la fin des douleurs corporelles d'une extrême violence. A ce prix elle fit du bien et se conserva dans l'humilité, et la veille de sa mort elle put dire à ses Sœurs : « Je vais au ciel. » Elle rendit le dernier soupir le 30 novembre 1890, dans le pauvre fauteuil où elle avait enduré cinq mois son dernier martyre.

Tout le monde connaît Claude Bernard, surnommé le *pauvre prêtre*, qui mourut en 1641. Ce converti célèbre passait sa vie dans les hôpitaux et dans les prisons, occupé à convertir les malades et les condamnés à mort. Sa grande ressource était l'intercession de la Très Sainte Vierge. Fréquemment il lui adressait cette invocation de saint Bernard : *Memorare !* Souvenez-vous ! Il engageait les criminels à la réciter avec lui. En disant cette prière, les cœurs les plus durs s'amollissaient. Une fois cependant, au fond d'un cachot, un condamné à mort refusa obstinément de la réciter. Le *pauvre prêtre,* voyant le péril extrême de cette âme, s'écria tout à coup : « Eh bien ! si tu ne veux pas la dire, tu la mangeras ! » Et il la lui mit dans la bouche. Le malheureux criminel, ne pouvant se défendre, ayant les fers aux pieds et aux mains, consentit à prononcer la prière pour se soustraire à cette espèce de violence. O miracle ! Il fond en larmes, se confesse avec les signes de la contrition la plus sincère et publie les miséricordes de Marie jusque sur l'échafaud.

Nous trouvons un trait à peu près semblable dans la vie de MARIE DE SAINT MICHEL ARCHANGE qui entra à Sainte-Marthe et fit sa profession presque en même temps que les fondatrices.

Envoyée à Marseille pour soigner une dame, elle s'aperçut bientôt que tous ses efforts pour la ramener à Dieu seraient inutiles. Rien ne touchait cette âme rebelle. Cependant le temps pressait. Notre bonne Sœur puisa une inspiration dans sa foi ardente et naïve : « Elle refuse de réciter une prière, elle la boira ! » Elle écrivit donc le « Souvenez-vous », et le coupa en parcelles qu'elle mettait dans les tisanes de la malade. Dieu bénit ce pieux stratagème ; aussitôt cette âme se sent touchée de la grâce, elle demande le prêtre, se confesse et se convertit sincèrement.

Une autre fois, elle soignait un impie que nulles exhortations, nulles sollicitations n'avaient pu ramener au bien. Un de ses anciens condisciples, devenu évêque, alla le voir et lui tint le langage que la plus affectueuse charité peut mettre sur les lèvres d'un apôtre : il n'obtint rien. Quelque temps après, à une seconde visite, il reçut cette ironique réponse : « Monseigneur, votre première épître aux Corinthiens est tombée dans l'eau. » Des prêtres, des religieux, des missionnaires essayèrent à leur tour, mais en pure perte. Que dire de la Sœur qui soignait ce malheureux égaré ? Il prenait plaisir à multiplier ses exigences envers elle afin de ne lui laisser nul repos, et ne lui adressait pour tout remerciement que des paroles brutales. Il était tel à son égard, qu'en traversant, pour se rendre vers lui, une chambre remplie d'armes de chasse, elle craignit que dans un moment d'exaltation il ne s'en servît contre elle. Cependant elle conservait toujours la même douceur, le même sourire. Tant de patience le toucha à la longue. Un jour, elle obtint qu'il prît de l'eau bénite ; un autre jour, qu'il fît le signe de la croix... Enfin elle eut l'immense joie de l'entendre dire : « Je veux me confesser. » L'agneau avait vaincu le lion.

Le malade vécut encore assez pour montrer la sincérité de son repentir. Il ne pouvait se lasser de dire : « Cette Sœur est un ange, je lui dois ma conversion. » Et il ajoutait : « Je lui ai coûté la vie. » Il disait vrai. Epuisée par les fatigues qu'elle avait endurées dans cet office d'héroïque charité, pendant bien des jours et des nuits, elle fut atteinte, dans la maison même du converti, d'un mal qui faillit la conduire au tombeau, et à la suite duquel elle ne fit plus que languir jusqu'au 6 septembre 1868. Elle mourut ce jour-là, victime de son dévouement, laissant à celles que Dieu appelle au soin des malades un admirable modèle que toutes n'égaleront pas et que nulle ne surpassera.

VI

Il faudrait un volume pour parler de Mme la duchesse de Sabran, devenue en religion Sœur Marie de Sainte Delphine. Elle était déjà d'un âge avancé lorsque, en 1859, le 2 février, elle revêtit l'habit de l'Ordre de la Sainte Trinité, après avoir vécu à la cour et après avoir fait dans le monde les vœux de pauvreté, de chasteté et d'obéissance.

Mais elle n'avait pas attendu le déclin de l'âge pour donner à Dieu les restes d'une vie consacrée à la vanité. Sa jeunesse avait été pieuse, fervente et mortifiée, et le contact du monde n'avait pas altéré la pureté de son âme. En 1823, à l'âge de trente et un an, elle prenait cette résolution, qu'elle écrivait de sa main : « Que tous les moments de la vie soient remplis. Veiller et prier, de peur que le temps ne s'écoule en vain. S'exercer à la mortification et au recueillement ; penser, parler, agir toujours en la présence de Dieu ; élever sans cesse son cœur vers lui ; etc. »

Voulons-nous suivre les progrès de la grâce ? Voici encore :

« 14 octobre 1825. — Aujourd'hui je prends
« la résolution d'aimer Dieu de toute l'étendue
« de sa grâce. »

« 21 et 23 octobre 1829. — Travailler à ac-
« quérir toute la sainteté à laquelle on peut
« parvenir par la grâce méritée par Notre Sei-
« gneur Jésus-Christ. »

« 11 mars 1832. — Se faire une retraite au
« fond du cœur pour y adorer, en tout temps
« et en tout lieu, le Père, le Fils et le Saint-
« Esprit. »

« 1833 (Octave de la Purification). — Ne
« plus vivre que pour adorer Dieu, le bénir et
« remplir les devoirs d'obéissance et de charité.
« Ne m'occuper intérieurement que de lui et n'a-
« gir en dehors que pour lui, rapportant à
« Dieu jusqu'aux moindres actions. Me souve-
« nir que ce jour-là, en sortant de l'église sou-
« terraine, je résolus de mourir à tout ce qui ne
« peut être rapporté à Dieu, d'ensevelir dans
« ce tombeau tout ce qu'il y a de mal en moi,
« toutes mes imperfections, et de m'efforcer à
« penser, parler, agir comme pourrait faire la
« Sainte Vierge. »

« 21 mars 1833. — Obéir au confesseur
« comme si on en avait fait le vœu. »

« 28 septembre 1842. — Résolution prise
« d'une manière plus absolue à la station de
« la Croix de mourir spirituellement et de ne
« plus penser, parler, agir à tous les instants
« de la journée que selon le bon plaisir de Jésus
« notre Dieu. »

« Lundi de Pâques 1856. — Vie nouvelle,
« conversion parfaite, vie parfaitement reli-
« gieuse. Parler peu, prier beaucoup... Vie
« d'adoration, de réparation et de reconnais-
« sance. Prier pour les prêtres. »

« Même année. — Ne plus vivre que pour
« prier, travailler et souffrir. »

« Examiner chaque dépense devant Dieu. »

« User de tous les moyens pour procurer le
« salut des âmes. »

La vie de Mme de Sabran répondait bien à ces saintes résolutions. A la voir dans ses salons suivre les parties de whist, fournir à la conversation un aliment agréable et montrer en elle la duchesse accomplie, qui eût cru qu'elle ne perdait jamais Dieu de vue ? Et pourtant, telle était son habitude de la vie intérieure, que, selon les propres paroles d'un témoin oculaire, elle restait unie à Dieu au milieu du cercle le plus brillant et le plus distingué.

Cette vie intérieure alimentait une charité inépuisable. Le chiffre des *menues* aumônes de Mme de Sabran, pour la seule année 1857, s'élève à 15,537 fr. 40. Et le petit cahier qui nous a révélé ses charités ne mentionne pas les autres dons, toujours généreux, faits aux œuvres qu'elle se plaisait à soutenir.

Elle donnait avec une telle libéralité, qu'un jour son intendant, alarmé des conséquences d'une générosité qui ne s'arrêtait jamais, crut devoir lui représenter qu'il fallait y mettre des bornes et savoir fermer à temps le gouffre où toute sa fortune allait s'engloutir. Mais alors la duchesse de Sabran, repoussant énergiquement un pareil avis, fit à son intendant cette admirable réponse. « Rappelez-vous, Monsieur, lui dit-elle doucement, que nous n'emporterons au ciel que ce que nous aurons donné aux pauvres sur la terre. »

La pieuse duchesse était gênée parfois dans l'exercice de son noble penchant à la bienfaisance. Mais y a-t-il des obstacles que la vraie charité ne surmonte ? Elle prenait les vêtements d'une de ses femmes de chambre, et, coiffée d'un petit bonnet, elle sortait de grand matin pour faire la visite de ses chers pauvres.

Afin qu'on ne s'aperçût point de ses aumônes, elle avait toujours une demi-douzaine de poches remplies de bouteilles de bon vin ou de petites douceurs pour les malades ; elle s'habillait en dessous des vêtements qu'elle avait faits pour les pauvres ; puis, arrivée chez eux, elle ôtait un jupon ou vidait une poche, sans s'inquiéter de ce que l'on avait pu penser, en la rencontrant, de sa tournure tant soit peu extraordinaire.

Tout le monde la regardait comme une sainte. La marquise de Pontevès, mère de Mme la duchesse de Sabran, avait elle-même pour sa fille une véritable vénération. Elle savait que celle-ci ne l'accompagnait dans le monde que pour lui être agréable — car son cœur était au ciel — et intérieurement elle admirait sa haute vertu. Pour elle, tout en menant une vie parfaitement honorable, elle aimait beaucoup le monde, elle donnait souvent des soirées et tenait à voir ses salons fréquentés par la haute société. D'un esprit vif, enjoué elle disait souvent à ses intimes, dans les dernières années de sa vie : « Quand je paraîtrai devant Dieu, il faudra bien lui rendre compte de ma vie. Et lorsqu'il me dira : Qu'as-tu fait pour moi ?...

Mais enfin, qu'as-tu fait pour moi ? Que lui répondrai-je ?... Mon Dieu ! Mon Dieu !, lui dirai-je : Je vous ai *fait* la duchesse de Sabran. »

Quand elle échangea son hôtel pour une pauvre cellule de Trinitaire, avec quelle joie Mme de Sabran se dépouilla de son titre de duchesse ! Elle prit alors le nom de Sœur M. de Sainte Delphine, qui rappelle à sa noble famille de saints et glorieux souvenirs, elle ne travailla plus qu'à se faire la dernière de toutes. Si, malgré sa douceur inaltérable, elle éprouvait un sentiment pénible, c'était lorsqu'elle s'entendait appeler : Madame la Duchesse. Elle répondait immédiatement : « Je ne suis pas une *duchesse*, je suis une *reine*. » En revanche elle se délectait dans les occupations les plus viles. Elle s'y exerçait d'une main un peu maladroite parfois, et qui faisait sourire, elle était si heureuse, qu'il fallait bien lui procurer cette sainte joie le plus souvent possible ! Une fois on la mit sous les ordres de la Sœur cuisinière : « Oh ! quel bonheur pour moi ! dit-elle ; quelle faveur qu'il me soit permis d'aider à préparer la nourriture des Epouses de Jésus-Christ ! » Une autre fois on l'envoya ramasser de la terre. Elle se livra joyeusement à cette occupation d'un genre nouveau : « *Oh ! que c'est facile !* disait-elle ensuite ; *je croyais que c'était plus difficile que cela.* » Il était aisé de voir, à la perfection de son obéissance, qu'elle s'y était façonnée dès longtemps. Un jour voyant une postulante nouvellement admise, qui ramassait l'herbe d'une main tandis que de l'autre elle égrenait son chapelet : « Ce n'est pas ainsi que l'on travaille au couvent, lui dit Sœur Sainte Delphine, il faut travailler des deux mains. » Puis elle alla à notre Révérende Mère M. A. de la Croix. « Ma Mère, dit-elle, vous avez une postulante qui ne persévérera pas. — Pourquoi cela ? — Parce qu'elle ne comprend pas l'obéissance. Elle craint de ne pas assez prier Dieu, elle ne ramasse l'herbe que d'une main afin de dire son chapelet. Ce n'est pas comme cela que l'on doit faire ce qui est commandé. » Sœur Sainte Delphine avait vraiment l'esprit religieux : au bout de quatre jours la postulante sortit, donnant pour raison qu'elle ne pouvait pas, au couvent, donner assez de temps aux prières dont elle avait l'habitude.

Il y eut un beau jour pour Sœur Sainte Delphine : ce fut celui où elle put se passer de la Sœur qui l'aidait à s'habiller. Elle souffrait visiblement de ces soins, qui lui rappelaient ceux qu'elle recevait dans le monde, et désirait de se servir seule. « Laissez-moi essayer », disait-elle. Tentatives inutiles ; malgré toute sa bonne volonté elle ne pouvait venir à bout de bien revêtir le saint habit. Difficulté plus grande quand il s'agissait du manteau. « Quand est-ce, disait-elle, que je n'aurai plus de femme de chambre ! » L'apprentissage fut assez long.

Il lui avait fallu, en entrant au couvent, renoncer aux saintes cruautés qu'elle exerçait contre elle-même. Elle y trouvait une ample compensation dans la mortification du goût. « Oh ! comme l'ordinaire du couvent est bon, disait-elle ; oh ! qu'il est bien meilleur que chez moi où j'avais cependant une bonne cuisinière ! » Elle avait le secret des saints pour assaisonner les mets les plus insipides et en faire un délicieux régal. « *Que le potage était bon aujourd'hui !* » dit-elle un jour où il était bien brûlé et où elle l'avait mangé avec du pain. « Le meilleur repas que j'aie fait en ma vie, c'est aujourd'hui » dit-elle encore un soir de Quatre-temps. — Ce repas était composé d'une soupe bien maigre et d'un morceau de pain sec. — Notre jeune Communauté pouvait-elle avoir sous les yeux un spectacle plus édifiant que celui de la simplicité joyeuse avec laquelle la vertueuse duchesse accueillait comme un présent du ciel tout ce qui crucifie la nature ?

Sœur M. de Sainte Delphine mourut en 1862 après avoir embaumé trois ans par ses vertus notre couvent de Sainte-Marthe.

Après la mort de la pieuse duchesse, M. Mauran, son ancien confesseur, écrivit à M. Margalhan la lettre suivante :

« Cher Ami,

« J'ai l'honneur de vous envoyer ce court
« abrégé des excellentes vertus de Mme de Sa-
« bran. C'est une épitaphe latine qu'on peut
« graver sur le marbre, ou écrire derrière son
« portrait, comme un monument qui perpé-
« tue et éternise le glorieux souvenir d'une
« sainte que j'ai connue et appréciée plus
« longtemps que personne, et que vous avez
« pu admirer dans votre pieuse Communauté.

« Je vous salue avec estime et amitié.

« Mauran, *Chanoine.* »

Nous en donnons la traduction française :

SŒUR MARIE DE SAINTE DELPHINE
REMARQUABLE
PAR
SON MÉPRIS ABSOLU DU MONDE ET DE SES RICHESSES
ET SON AMOUR POUR LES PAUVRES,
EMBRASÉE
D'UNE ARDEUR EXTRAORDINAIRE POUR LA PRIÈRE
ET D'UN ZÈLE BRULANT POUR SON AVANCEMENT,
ORNÉE
D'UNE HUMILITÉ TRÈS PROFONDE,
D'UNE OBÉISSANCE AVEUGLE
ET D'UNE PURETÉ DE CŒUR ANGÉLIQUE,
EST MORTE TRÈS SAINTEMENT
DANS LE MONASTÈRE DE LA SAINTE-TRINITÉ,
LE 2 MARS 1862, A SAINTE MARTHE,
BANLIEUE DE MARSEILLE,
MODÈLE DE PERFECTION RELIGIEUSE,
AGÉE DE SOIXANTE-DIX ANS !
R. I. P.

O pieuses et vénérées Mères !

« Vous avez combattu le bon combat », vous avez enfin achevé cette course que vous aviez commencée guidées et encouragées par notre saint Fondateur. Comme lui, nous en avons la douce confiance, « vous avez reçu la couronne qui vous était réservée. » Dormez en paix à l'ombre de cette maison témoin de vos vertus ! A nous de marcher sur vos traces, de suivre vos exemples, pour obtenir un jour la même récompense !

CHAPITRE VII

Dernières Années

I. Accroissement de la Congrégation.
II. Epreuves. — III. Sainte mort. — IV. Obsèques.

I

Le R. P. Jean de la Visitation écrivait, le 4 décembre 1844, à M. Margalhan : « Vous commencez par louer une maison ; non seulement cette maison deviendra un véritable monastère, mais encore la pépinière d'une foule d'autres maisons... » (1).

C'était comme une prophétie. Car, à ce moment, humainement parlant, rien ne faisait prévoir que l'œuvre de M. Margalhan dût s'étendre en dehors du village de Sainte-Marthe. Cette prophétie se réalisa à la lettre. De 1844

(1) Page 72.

à 1851, les vocations se multiplièrent, en sorte que la Communauté put bientôt prendre son essor. Peu à peu des rameaux se détachèrent de l'arbre de Sainte-Marthe et prirent racine dans plusieurs endroits du diocèse et même ailleurs.

Ainsi en 1851, grâce à la générosité de onze bienfaiteurs dont plusieurs sont vivants, on fonda à Gémenos une maison qui existe encore; elle renferme trois Sœurs.

En 1853, on établit à Cuges une maison de Sœurs Trinitaires. Huit fondateurs concoururent à cette fondation.

En 1855, une bienfaitrice de Cassis ayant offert sa maison de campagne pour avoir des Sœurs gardes-malades, on appela nos Sœurs qui soignent encore dans cette ville les malades à domicile. Et de plus elles desservent l'hospice.

En 1856, le maire d'Aubagne, M. R**, et un autre bienfaiteur firent venir nos Sœurs pour soigner les malades de la ville. Elles y sont encore au nombre de cinq.

En 1859, M. Terris, curé de Cavaillon, depuis évêque de Fréjus, avec le concours de pieuses dames, demanda nos Sœurs pour un orphelinat. Mais cette maison, faute de ressources, n'a pu se soutenir. Elle a été fermée en 1868.

En 1863, M. l'abbé Gasquet, curé de Grans, dans le diocèse d'Aix, demanda les Sœurs Trinitaires pour faire la classe aux petites filles et visiter les malades de la localité. Un certain nombre de bienfaiteurs ayant ouvert généreusement leur bourse, on put répondre à cette invitation. Cette maison existe encore, on y a même ajouté une maison de retraite pour les personnes âgées.

Plusieurs personnes riches et généreuses des Accates voulurent doter leur village du bienfait de l'instruction chrétienne et secourir les malades dans leurs souffrances. On appela en 1868 nos Sœurs. Actuellement encore au nombre de trois, elles se partagent la classe et le soin des malades.

En 1869, quatre familles, appartenant à la meilleure noblesse de Provence firent venir nos Sœurs à Roquefort. Elles y sont au nombre de cinq : les unes soignent les malades, les autres vont chaque jour à la Bédoule, pour y faire la classe aux enfants.

En 1875, M. le chanoine Brassevin, alors

curé de la Belle-de-Mai, comprit que des Sœurs gardes-malades étaient absolument nécessaires dans ce quartier pauvre et populeux. Il appela les Sœurs Trinitaires. Aujourd'hui encore au nombre de quatre, elles sont comme les anges de ce quartier, portant partout, jusque dans les mansardes les plus abandonnées, des remèdes et des consolations.

En 1876, M. Blanc, curé de Saint-Philippe, fonda au boulevard Notre-Dame une maison de Sœurs gardes-malades. Il demanda nos Sœurs ; elle y sont au nombre de onze. Seize souscripteurs tous honorablement connus dans notre ville contribuèrent généreusement à cette fondation importante.

Mgr Robert, par l'intermédiaire de M. le Vicaire général Payan d'Augery, manifesta le désir que nos Sœurs s'établissent à Ceyreste. La fondation eut lieu le 22 mai 1881. Actuellement trois Sœurs se partagent dans ce village le soin des malades et la garde des petits enfants.

En 1885, une fondation a été faite à Auriol pour le soin des malades, grâce à la générosité d'une bienfaitrice qui vit encore. Il y a quatre Sœurs dans cette maison.

En 1886, M. le curé de Saint-Savournin voulut bien confier à nos Sœurs les soins des malades de la paroisse et l'école.

Depuis plusieurs années la population de La Ciotat désirait des Sœurs gardes-malades. La demande avait déjà été faite à notre vénéré Père, mais différentes causes avaient empêché de réaliser les désirs de la population.

En 1886, sur les instances de M. le chanoine Paranque, curé de cette ville, dont tout le monde connaît le zèle désintéressé, nos Sœurs y furent installées. On vient de joindre à ce premier établissement une maison de retraite pour les personnes âgées et infirmes (1).

M. Margalhan visita souvent les maisons qui furent fondées pendant qu'il était encore en état de supporter les voyages. La Providence voulut consoler ses vieux jours, en permettant qu'il pût voir son œuvre grandir et prospérer. Mais, tout en remerciant Dieu de cette faveur, il ne cessait, dans ses visites, de recommander à ses Filles de vivre toujours dans l'humilité, la simplicité et la pauvreté.

Ainsi, de 1851 à 1886, quatorze maisons de

---

(1) Les Maisons d'Auriol, de Saint-Savournin et de La Ciotat ont été fondées après la mort de M. Margalhan.

Sœurs Trinitaires furent fondées, dont treize existent encore.

La petite semence, confiée à la terre de Sainte-Marthe par M. Margalhan en 1844, est devenue en peu d'années un grand arbre dont les branches se sont étendues jusqu'aux extrémités du diocèse. Qui sait si un jour, selon les désirs de notre pieux fondateur, elles ne s'étendront pas au delà des mers !

II

L'auteur de l'*Imitation*, à la fin de son dernier chapitre du deuxième livre, écrit ces belles paroles :

« S'il y avait quelque chose de meilleur et de plus utile au salut de l'homme que de souffrir, certainement, Jésus-Christ nous l'aurait montré et par la parole et par l'exemple.

« Or, il exhorte clairement les disciples qui sont à la suite, et tous ceux qui veulent le suivre à porter la croix : Si quelqu'un, dit-il, veut venir après moi, qu'il renonce à lui-même, qu'il prenne sa croix et me suive. (Math., XVI, 24.)

« Ainsi, tout bien vu et considéré, concluons qu'il faut passer par beaucoup de tribulations pour entrer dans le royaume de Dieu. »

Tous ceux qui ont connu notre vénéré Père nous disent : Ayez confiance, il est au Ciel. Ne nous étonnons donc pas qu'il ait « passé par beaucoup de tribulations », surtout dans les dernières années de sa vie : tribulations extérieures, tribulations intérieures.

Parmi les soixante religieuses ou novices qui habitaient la Communauté de Sainte-Marthe, il pouvait y en avoir, et il y en avait en effet plusieurs qui, tout en ayant la vénération la plus profonde pour leur pieux Fondateur, et la plus grande confiance en lui, éprouvaient, après plusieurs années, le besoin de s'adresser à un autre confesseur. L'Eglise, dans sa tendresse maternelle, a toujours été très large pour tout ce qui regarde la conscience de ses enfants. Aussi, les Supérieurs ecclésiastiques ordonnèrent sagement qu'une certaine liberté fût donnée aux Sœurs. Puis, plus tard, considérant qu'une double direction dans une Communauté peut avoir beaucoup d'inconvénients, et que d'ailleurs elle n'est pas dans l'esprit de l'Eglise, on trancha la question en désignant un confesseur pour toute la Communauté. Mais ce ne fut qu'après cinq ans d'hésitations et de réflexions et en employant tous les ménagements possibles.

Sans doute ce sacrifice fut très douloureux pour le cœur paternel et sensible de M. Margalhan, car sa situation dans la Communauté n'était pas celle d'un prêtre ordinaire : il en était le Fondateur. Mais, comme l'a dit M. le chanoine Olive qui fut chargé de lui apprendre la décision, il reçut cette épreuve à la manière des saints. Sa grande âme le mit immédiatement au-dessus de toute recherche humaine et il s'abandonna entièrement à Dieu.

Du reste, pour adoucir l'épreuve et lui prouver que ses supérieurs l'avaient toujours en haute estime, Mgr Place, à l'occasion de ses noces d'or, lui écrivit la belle lettre suivante :

« Marseille, le 17 septembre 1874.
« *(En retraite pastorale)*

« MON CHER ET VÉNÉRABLE AMI,

« Je suis profondément touché des senti-
« ments que vous m'exprimez ; j'y trouve ce
« parfum d'esprit sacerdotal qui est le carac-
« tère distinctif et l'honneur de notre ancien
« clergé.

« J'aurai le très grand regret de ne pouvoir
« assister à ce saint et si touchant anniversaire,
« mais j'y serai de cœur, demandant à Notre-
« Seigneur de vous conserver de longues an-
« nées encore pour la joie et la consolation de
« ceux qui vous aiment, pour l'édification de
« mon clergé et pour ma religieuse affection.

« La présence des anciens du sanctuaire à
« la tête de la famille sacerdotale est pour elle
« une source de bénédictions et de bons exem-
« ples, et elle est heureuse et fière de les trou-
« ver réunis dans votre personne, puisque à
« toutes les vertus qui font les bons pasteurs
« vous avez réuni les qualités qui vous ont
« rendu digne de fonder une grande œuvre.

« Pour me rendre à votre désir, je vous bé-
« nis paternellement en N.-S., mais à la con-
« dition que le jour de vos noces d'or vous di-
« rigerez sur votre évêque votre meilleure
« bénédiction.

« † CHARLES-PHILIPPE,
« *Evêque de Marseille.* »

Cette lettre fut un baume pour le cœur de notre vénéré Père et calma sa douleur.

Il fut aussi éprouvé par des tribulations intérieures. «Petit saint, petites croix ; grand saint, grandes croix », disait un de ses amis (1). Parole célèbre qui se vérifia à la lettre pour notre cher Fondateur. A l'exemple du B. Jean-Baptiste de la Conception, de saint François de Sales, de saint Liguori et de bien d'autres saints, son âme fut souvent envahie par les flots amers de la crainte de la mort et surtout des jugements de Dieu. Sans doute il ne perdait pas l'espérance ; mais, tout en étant très zélé pour son avancement spirituel, il craignait de n'en point faire assez et de ne pas être sauvé. Et alors il se sentait pris d'une terreur extraordinaire qui était pour lui un martyre inexprimable.

Dieu le permettait ainsi pour maintenir dans l'humilité ce prêtre qui avait fait de si grandes choses, et pour purifier de plus en plus cette belle âme par le feu de la souffrance. Mais M. Margalhan mettait toute sa confiance en Dieu et se consolait dans la prière.

De pieux et fidèles amis, dont quelques-uns vivent encore, ne cessèrent soit par leurs visites, soit par leurs lettres, de le soutenir et de le consoler au milieu de ses peines. Qu'ils en soient mille fois bénis !

---

(1) M. l'abbé Nègre.

« Courage et confiance, lui écrivait, M.
« l'abbé Marrel (1), son ami, c'est par la croix
« qu'on s'unit à Jésus-Christ. Si Notre-Sei-
« gneur permet quelquefois qu'on blesse notre
« cœur, c'est afin de le posséder lui-même tout
« entier, en nous rendant plus facile le déta-
« chement des créatures sur qui nous ne pou-
« vons guère compter. Allons, mon cher Père,
« encore une fois, soyez heureux ! »

Un autre ami de quarante ans, M. le chanoine Jame, vicaire général de Gap, lui écrivait :

« Oh ! mon bien vénéré ami, vraiment le
« bon Dieu vous éprouve fortement et vous
« trouve digne de porter une bonne portion de
« sa croix. Vous savez qu'il est dit des Apôtres
« après leur flagellation : *« Ibant gaudentes*
« *quoniam digni habiti sunt..... pati. »*.....
« Notre foi, notre espérance, notre charité,
« notre résignation doivent se réveiller toutes
« vives, et nous faire crier : *Sicut est voluntas*
« *in cœlo, sic fiat !* Amen... Amen... *quia*
« *sic fuit placitum ante te.. Ita Pater.* »

« Il me parlait de la mort assez souvent »,

___
(1) Curé-Archiprêtre de Saint-Agricole, à Avignon.

écrivait le 12 février 1883 le Père J.-B. Blanc, S. J., « et ses craintes allaient jusqu'à la
« frayeur !... Père, Père, me disait-il alors
« tout saisi d'émotion, croyez-vous que je me
« sauve ? — Allons donc... et pourquoi pas ?
« ajoutais-je ; non seulement je le crois, mais
« j'en suis profondément convaincu. Laissez-
« moi vous le dire, vous vous concentrez trop
« dans vos prétendues misères, faites comme
« saint Paul, lequel parfois s'en glorifiait, per-
« suadé que l'œuvre de notre salut est bien
« plus l'œuvre de Dieu que la nôtre. Dilatez
« donc votre cœur et ouvrez-le largement en
« la miséricorde infinie de votre divin Rédem-
« teur ! Après tout, que voulez-vous que le
« Diable fasse de vous? Il n'en aurait pas pour
« une bouchée...

« Ces quelques mots le faisaient sourire et
« rasséréaient son âme. »

III

Cependant la fin de cette belle vie approchait. Atteint d'une maladie très douloureuse en elle-même, et rendue encore plus pénible par les soins délicats qu'elle nécessitait, M. Margalhan n'avait plus que quelques mois à vivre.

Qu'étaient devenues à l'heure suprême ses craintes de la mort et du jugement de Dieu ? Le R. P. Perrard va nous le dire :

« Le bon Dieu lui a fait une grâce extraor-
« dinaire. Il avait toujours eu peur de la mort,
« et voilà que les quinze derniers jours de sa vie
« il me demandait : « Est-ce mal de désirer la
« mort ? » Je lui répondis que saint Paul la dé-
« sirait, et qu'en marchant sur les traces de ce
« grand apôtre il ne pouvait s'égarer. Aucun
« trouble ne s'est manifesté en lui à sa der-
« nière heure. A ce moment solennel de la dé-
« composition de notre être, on jette un regard
« en arrière. Mais votre Père n'a vu dans le
« passé que des œuvres, de l'abnégation de
« soi-même. Dans le présent s'il a aperçu quel-
« ques taches inséparables de la fragilité hu-
« maine, il a vu en même temps les prières
« nombreuses qui allaient lui être appliquées,
« et il a été rassuré. *Leurs œuvres les suivent,*
« dit l'écrivain sacré en parlant des élus. Il
« était tranquille, car il avait les mains plei-
« nes. Il allait trouver ce Juge qu'il avait ai-
« mé, qu'il avait servi, pour qui il avait tra-

« vaillé toute sa vie : que pouvait-il crain-
« dre ? » (1)

Depuis longtemps M. Margalhan ne devait la prolongation de sa vie qu'aux soins attentifs qui entretenaient à grand'peine la dernière goute d'huile dans la lampe épuisée. Pendant les huit derniers mois de la maladie de notre Père, M. l'abbé Icard, recteur de Sainte-Marthe, son confesseur et son ami depuis quatorze ans, venait le voir plusieurs fois par semaine, se plaisant à prolonger ses visites, autant que les devoirs de son ministère le lui permettaient. Quand il vit que la fin approchait, il lui apporta une dernière fois le corps de Notre-Seigneur et lui administra le sacrement des mourants, que le malade reçut avec des sentiments admirables de foi, d'humilité et de confiance en Dieu. M. l'abbé Chéroutre était présent à la cérémonie, ainsi que la plus grande partie de la Communauté.

A partir de ce moment, M. le recteur de Sainte-Marthe multiplia ses visites. Il venait plusieurs fois par jour voir et réconforter par ses paroles le vénéré malade. M. l'abbé Ché-

---

(1) Allocution du 3 février 1883.

routre, qui depuis dix-huit mois habitait une chambre située au-dessus de celle de notre Père, ne le quittait pas un instant.

Enfin, le dernier jour arriva, c'était un dimanche. M. le curé de Sainte-Marthe, retenu par les offices de la paroisse, vint voir M. Margalhan vers dix heures et lui donna une dernière fois l'absolution, puis il lui dit en le quittant : « *Lætatus sum*... Nous allons dans la maison du Seigneur ». A ces paroles, le visage du vénérable malade s'illumina de joie et l'on vit comme un tressaillement qui disait assez le bonheur de son âme. Vers deux heures de l'après-midi M. Margalhan s'endormit doucement dans le Seigneur.

La Sainte-Trinité voulut, ce nous semble, couronner l'œuvre du digne prêtre par le choix de ce jour suprême. Lui, qui avait professé une si ardente dévotion au premier de nos Mystères, mourut un dimanche, c'était le 28 janvier 1883, fête de l'Apparition de sainte Agnès et anniversaire de la fondation de l'Ordre de la Sainte-Trinité. Le vénérable prêtre était dans la quatre-vingt-cinquième année de son âge, la cinquante-neuvième de son sacerdoce, et comptait trente-huit ans depuis la fondation du monastère de Sainte-Marthe.

La Communauté dont il était le Père bien aimé ne fut pas seule à voir dans cette coïncidence entre sa mort et un glorieux anniversaire un motif d'immense consolation. Trois jours après le R. Père de Carmejane, alors à Lyon, écrivait à la Révérende Mère Supérieure générale :

« Votre Père, vous ayant quittées un jour
« de précieux anniversaire pour votre Ordre,
« Dieu semble vous dire qu'il l'appelle auprès
« de lui, afin que vous ayez au ciel un très
« puissant protecteur. Espérez donc beaucoup,
« ma bonne Mère, dans l'intercession de votre
« très bon Père. Il connaît vos besoins, il
« aime sa famille et il est maintenant plus près
« du cœur de Celui qui peut tout... Dans vos
« difficultés, dans vos inquiétudes, recourez à
« lui, priez-le, conjurez-le de vous aider et de
« recommander à Notre-Seigneur cette œuvre
« qui fut la sienne sur cette terre, et qui ne
« cesse de l'être maintenant qu'il reçoit la
« récompense de tout ce qu'il a fait pour
« elle. »

Cependant il fallait rendre au saint prêtre les

derniers devoirs. Cet honneur revenait de droit aux prêtres qui avaient assisté M. Margalhan dans ses derniers moments. Mais les employés du couvent demandèrent comme une faveur qu'on leur permît de prendre leur place. On n'osa le leur refuser. Ils nous ont dit eux-mêmes, en pleurant, que ce corps qu'ils touchaient avec respect n'avait rien des horreurs du cadavre, et qu'à son contact ils éprouvaient « quelque chose qui n'était pas naturel, qu'ils ne savaient pas définir » et qui leur faisait dire : « C'est un saint ! »

IV

Ses obsèques eurent lieu le 30 janvier. Pauvre dans la mort comme il l'avait été volontairement pendant sa vie, M. Margalhan n'eut pas même une tombe à lui. La nouvelle législation sur les cimetières ne permettant pas de déposer le corps dans la chapelle mortuaire du couvent, il dut être transporté au cimetière communal de Sainte-Marthe, où un des paroissiens, M. Joseph Maunier, offrit, pour le recevoir, son caveau de famille. C'est là qu'il repose provisoirement.

Car ses Filles gardent l'espoir de voir un jour ses restes précieux transportés dans leur chapelle, où elles lui ont préparé une place.

Le 4 février, l'*Echo de Notre-Dame de la Garde* lui consacrait les lignes suivantes :

« Ce vétéran du sacerdoce s'est éteint diman-
« che 28 janvier, après une longue maladie,
« plein de jours et de mérites, au milieu de
« sa famille spirituelle qui l'entourait de son
« respect, de sa vénération et de tous les soins
« inspirés par la plus filiale tendresse. Ses obsè-
« ques ont eu lieu mardi dernier, dans la cha-
« pelle du couvent. La cérémonie a été pré-
« sidée par M. le chanoine Olive, curé de la
« Sainte-Trinité et supérieur des Religieuses
« Trinitaires, qui représentait Mgr l'Evêque.

« Dans le sanctuaire, on remarquait : MM. les
« chanoines Lagorio, curé-archiprêtre de la
« cathédrale ; Dherbes, curé-doyen des Ayga-
« lades ; MM. les curés de Saint-Pierre et Saint-
« Paul, de Saint-Philippe, des Chartreux et de
« Sainte-Marthe ; aux places réservées : tous
« les curés voisins ; M. Gadrat, supérieur des
« Lazaristes de Toursainte ; plusieurs mem-
« bres des communautés religieuses de notre
« ville et un très grand nombre de prêtres.

« Le diocèse d'Aix, qui peut compter l'abbé
« Margalhan comme un de ses plus dignes
« enfants, puisque c'est dans son séminaire
« qu'a été saintement formée son éducation
« sacerdotale, était représenté par M. le cha-
« noine Chave, alors directeur de la maîtrise
« de Saint-Sauveur. Cet ami n'avait connu
« le bon Père que dans les dernières années
« de sa vie ; mais, dès le premier jour, il avait
« été si frappé de ses éclatantes vertus, qu'il
« l'avait pris en grande vénération, et il se
« plaisait à venir assister aux fêtes de l'Ordre
« pour avoir le plaisir de passer le jour en son
« édifiante et si agréable compagnie.

« La presse religieuse de Marseille était
« représentée par MM. Jouve, le jeune et vail-
« lant rédacteur en chef du *Citoyen*, et Sardou,
« de la *Gazette du Midi*. Au milieu de la
« chapelle s'élevait un catafalque d'apparence
« modeste et qui attirait instinctivement le
« regard. A peine quelques lignes noires
« fuyant sur les draperies blanches pour rap-
« peler sans doute le deuil et symboliser la
« douleur ; partout des croix, des bouquets,
« des couronnes de perles blanches ; aux quatre
« coins, les lis élevaient leurs tiges gracieuses ;

« dans le cercueil découvert, le Père reposait
« doucement, revêtu de sa robe de Trinitaire ;
« de ses pieds montaient de vraies gerbes de
« lis qui ne laissaient voir que les mains pres-
« sant dans une dernière étreinte le crucifix, et
« le visage toujours bon, suave, paternel, que
« la mort n'avait pu altérer.

« Après la messe... le cortège s'est mis en
« marche à travers les jardins et les campa-
« gnes de la Communauté. La paroisse de
« Sainte-Marthe tout entière était là, les fem-
« mes mêlées aux jeunes filles de l'orphelinat
« et du pensionnat, aux dames très nombreu-
« ses accourues de Marseille et aux cent reli-
« gieuses précédant le clergé ; les hommes sui-
« vaient le cercueil, tous les rangs confondus,
« tous les cœurs unis dans un même sentiment
« de vénération pieuse.

« Une dernière absoute a été donnée par
« M. le chanoine Olive, dans l'église de Sainte-
« Marthe, puis le corps a été déposé provisoi-
« rement dans un caveau du cimetière de la
« paroisse.

« Le prêtre qui avait tant aimé l'ombre et
« le silence, a eu des funérailles comme il au-
« rait pu les désirer : humbles, modestes,

« recueillies ; si des larmes ont été répandues
« sur son cercueil, l'espérance était dans tous
« les cœurs, et plus d'une âme a fait monter
« vers celui qu'elle était heureuse d'appeler son
« père, la voix de sa prière confiante et de ses
« ferventes supplications. »

Au retour de la cérémonie funèbre pendant laquelle, selon la remarque de la *Gazette du Midi*, on n'avait vu, sur le passage du cortège, personne sur le seuil des portes, tant cet hommage pieux et spontané avait été complet, une réunion nombreuse et sympathique se pressait dans l'appartement du vénéré défunt. C'étaient les membres de la famille, c'étaient les amis, c'étaient les prêtres en grand nombre. Un des hommes que leurs travaux amenaient journellement au couvent, un de ceux qui lui avaient rendu les derniers devoirs entra, et la voix pleine de larmes, n'écoutant que son cœur : « Nous venons de mettre en terre un saint, dit-il. Si celui-là n'est pas sauvé, ni vous, ni moi, ni personne ne le sera... D'homme aussi vertueux que M. Margalhan il n'y en a plus... Non, non, reprit-il, d'homme comme celui-là il n'y en a point. »

A la même heure, la Révérende Mère Supérieure générale recevait la lettre suivante, écrite la veille :

« Marseille, le 29 janvier 1883.

« Ma Révérende Mère,

« Oui, je sais tout ce dont vous êtes rede-
« vables au prêtre modeste que Dieu vient de
« prendre pour le récompenser en compagnie
« de tant de vos jeunes Sœurs qui lui doivent
« leur vocation et leur sainteté.

« En prolongeant sa belle vieillesse, la Pro-
« vidence avait voulu non seulement lui per-
« mettre de voir fleurir et mûrir sa pieuse
« Congrégation, mais encore donner à votre
« famille religieuse le temps de pousser de
« profondes et solides racines.

« Vous voilà en mesure de survivre à cette
« séparation, dont je comprends toute la tris-
« tesse, et votre foi, dans les moments diffi-
« ciles, aimera à le voir, de plus haut, vous
« bénissant encore et vous assistant de ses
« conseils.

« Je prierai pour que Notre-Seigneur vous
« console ainsi que vos saintes Filles, avec

« lesquelles j'aurai le regret de ne pouvoir me
« trouver demain.

« A. Payan d'Augery,
« *Vicaire général.* »

Deux jours après, Mgr Terris, évêque de Fréjus, qui, depuis sa promotion à l'épiscopat, n'avait jamais manqué d'envoyer ses mandements au vénéré Père, en témoignage d'amitié fidèle, écrivait à son tour cette lettre émue :

« Fréjus, le 1er février 1883.

« Ma Révérende Mère,

« Je comprends dans quelle douleur sont
« plongées toutes les Filles de Sainte-Marthe.
« Elles pleurent un père, et quel père ! Le vide
« est profond, et le vide qui s'est fait dans cette
« humble cellule d'où partirent tant de prières
« a quelque chose de si triste, que, de loin, j'en
« ressens moi-même une impression navrante.
« C'était là que je l'avais vu un jour pour la
« première fois, ce bon Père Margalhan ; ce fut
« là que je le retrouvai, moins souvent que je
« ne l'aurais voulu, mais toujours avec une
« consolation nouvelle. Il était si admirable-
« ment pieux, homme de grande foi et de vues

« surnaturelles, plein du désir de faire en tout
« et toujours la volonté du divin Maître ! Et
« puis, quel infatigable dévouement à l'œuvre
« dont la Providence l'avait chargé ! Et avec
« quelle persévérance et quelle abnégation il a,
« pendant de longues années, poursuivi son
« but, quelquefois parmi de pénibles contra-
« dictions, mais toujours les yeux au ciel et sa
« volonté invariablement unie à la sainte
« Eglise !

« J'aimais à me rappeler cette belle âme de
« prêtre ; je ne l'oublierai jamais ; je lui dois
« plusieurs des meilleurs moments de ma vie.

« Et maintenant, tout en comprenant que
« ses Filles Trinitaires le pleurent amèrement,
« je n'ai pas la pensée de le pleurer moi-même,
« tant je suis convaincu que sa mort a été le
« commencement de ses joies éternelles.

« J'unis pourtant mes prières aux vôtres,
« mais c'est en me recommandant aux siennes.
« L'amitié qu'il avait pour moi, celle que je lui
« avais vouée, me vaudront, j'en suis sûr, une
« intercession de plus devant Dieu.

« Agréez, ma Révérende Mère, et faites
« agréer à toutes vos chères Filles l'assurance

« de mon fidèle souvenir et de mon entier
« dévouement en Notre-Seigneur.

« † Ferdinand,
« *Evêque de Fréjus et Toulon.* »

Le même jour on nous écrivait d'un des couvents de religieux Trinitaires :

« Oh ! le bon accueil que les trois Personnes
« divines ont dû lui faire ! Elles savent quel a
« été son dévouement pour faire glorifier sur
« la terre d'une manière spéciale la Sainte
« Trinité, source de tout bien. Qu'il est riche,
« le diadème qui brille sur son front ! Il brille
« de tout l'éclat des âmes religieuses qu'il a
« sauvées dans sa sainte communauté, et des
« âmes séculières bien plus nombreuses qu'il
« a déjà sauvées par ses Filles au chevet des
« malades, et qu'il continuera à sauver jusqu'à
« la fin des temps ! »

O Père vénéré !

Arrivées à la fin de notre course après avoir recherché avec piété les traces encore vivantes de votre séjour parmi nous, nous sentons notre âme remplie d'une ineffable consolation !

En nous montrant votre cœur, vous nous avez révélé ce que doit être le nôtre. Grâce à vos leçons, nous comprenons mieux maintenant : l'humilité, l'obéissance, l'abnégation de soi-même, l'esprit de sacrifice, le détachement de toutes choses. Heureuses si nous mettons à profit de telles leçons ! et si, enflammées par vos exemples, nous nous consacrons plus entièrement désormais à la sublime vocation d'instruire les enfants, de soigner les pauvres malades, et surtout d'arracher les âmes au mal et de les rendre à la vérité, à la vertu et à Dieu !

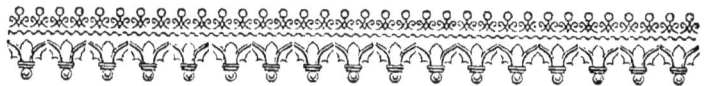

INDULGENCES
Attachées au scapulaire de la Très Sainte Trinité (1)

N. B. — Le signe ☩ indique les indulgences qui peuvent être gagnées par les fidèles, même non revêtus du scapulaire de la Très Sainte Trinité, pourvu que, s'étant confessés et ayant communié, ils visitent aux jours indiqués une église ou une chapelle de l'Ordre.

INDULGENCES PLÉNIÈRES

1. *Le jour de la réception*, moyennant la confession et la communion. (Paul V, août 1608.)
2. *A l'article de la mort*, en invoquant le saint nom de Jésus. (Paul V, août 1608.)
3. *Au moment du départ pour l'œuvre du rachat.* (Paul V, août 1608.)

---

(1) Ce scapulaire est soumis aux mêmes conditions que les autres. Nous rappelons seulement un point important. Il doit être d'une *étoffe de laine blanche*, et sur ce fond blanc, on applique une petite croix, dont la branche verticale doit être de laine rouge, et la bande transversale, de laine bleue.

4. *Pour les esclaves rachetés,* qui peuvent la gagner pendant un mois, après leur retour, à la condition de se confesser et de communier. (Paul V, août 1608.)

5. *Une fois le mois,* en récitant chaque jour trois *Pater,* trois *Ave,* trois *Gloria,* en l'honneur de la T. S. Trinité et en portant le scapulaire ou l'habit de l'Ordre. (Pie IX, 22 mars 1847.)

6. *En assistant à la procession du saint scapulaire* qui se fait un dimanche de chaque mois, à la condition de prier pour les besoins de l'Eglise. (Paul V, 6 novembre 1620.)

7. Le 28 janvier, *fête de l'Apparition de sainte Agnès,* vierge et martyre ; anniversaire de l'approbation de l'Ordre. (Innocent XI, 14 décembre 1678.)

8. Le 2 février, *Purification de la Très Sainte Vierge,* anniversaire de la prise d'habit de nos saints Fondateurs. (Clément X, 11 février 1673.)

† 9. Le 8 février, *fête de N. Père Saint Jean de Matha.* (Clément X, 11 février 1673.)

† 10. Le 14 février, *fête du B. Jean-Baptiste de la Conception,* Réformateur de l'Ordre. (Pie VII, 14 janvier 1820.)

11. Le *Mercredi des Cendres.* (Innocent XI, 14 décembre 1678.)

12. Le *Jeudi saint.* (Clément X, 11 février et 3 juin 1673.)
13. *Fête de Pâques.* (Clément X, 11 février et 3 juin 1673.)
14. *Fête de l'Ascension de Notre-Seigneur.* (Clément X, 11 février et 3 juin 1673).
† 15. *Fête de la Très Sainte-Trinité.* (Paul V, 6 août 1608.)
† 16. Le 5 juillet, *fête de saint Michel des Saints.* (Pie VI, 3 juillet 1780.)
† 17. Le 8 septembre, *Nativité de la Très Sainte Vierge,* en souvenir de l'apparition de Marie à saint Félix de Valois. (Clément X, 11 février et 3 juin 1673.)
18. Second dimanche d'octobre, *fête de la Maternité de la Très Sainte Vierge et de N.-D. du Bon Remède.* (Innocent XI, 14 décembre 1678.)
† 19. Le 23 octobre, *fête de Jésus de Nazareth ou du Très Saint Rédempteur.* (Benoit XIV, 17 septembre 1756.)
† 20. Le 20 novembre, *fête de N. Père Félix de Valois.* (Clément X, 11 février 1673.)
21. Le 25 novembre, *fête de sainte Catherine,* vierge et martyre. (Innocent XI, 14 décembre 1678.)
22. Le 25 décembre, *fête de Noël.* (Clément X, 11 février 1673.)

Par rescrit du 8 août 1847, Sa Sainteté Pie IX a accordé à quiconque fait un triduum ou une neuvaine en l'honneur de la T. S. Trinité, dans le courant de l'année, une indulgence de sept ans et sept quarantaines pour chacun des jours du triduum ou de la neuvaine et une indulgence plénière à gagner le dernier jour, avec la condition de la confession, de la communion et d'une visite à une église où l'on prie aux intentions du Souverain Pontife.

ABSOLUTION GÉNÉRALE

Ou communication des biens spirituels de l'Ordre

(Tous les fidèles qui y assistent y peuvent participer, à condition de s'être confessés et d'avoir fait la sainte Communion.)

1. Le 28 janvier, *fête de sainte Agnès*, vierge et martyre. (URBAIN VIII, 25 juillet 1632.)
2. Le 8 février, *fête de N. Père Saint Jean de Matha.* (BENOIT XIV, 9 février 1734.)
3. Le 14 février, *fête du B. Jean-Baptiste de la Conception.* (LÉON XII, 17 septembre 1825.)
4. *Mercredi des Cendres.* (CLÉMENT VIII, 20 mai 1600.)
5. *Jeudi saint.* (Clément VIII, 20 mai 1600).
6. *Fête de la T. S. Trinité.* (CLÉMENT VIII, 20 mai 1600.)

7. Le 5 juillet, *fête de saint Michel des Saints*. (Pie VII, 22 septembre 1805.)
8. Le 20 novembre, *fête de saint Félix de Valois*. (Benoit XIV, 9 février 1754.)
9. Le 25 novembre, *fête de sainte Catherine*, vierge et martyre. (Clément VIII, 20 mai 1600.)

INDULGENCES PARTIELLES

1. Sept ans et sept quarantaines pour tous ceux qui, portant notre petit scapulaire, récitent tous les jours trois *Pater*, trois *Ave*, trois *Gloria*, en l'honneur de la T. S. Trinité. (Pie IX, 22 mars 1847.)
2. Sept ans et sept quarantaines aux confrères qui visitent les églises ou oratoires, le jour de la fête de l'Assomption, en y priant aux intentions du Souverain Pontife. (Paul V, 6 août 1608.)
3. Sept ans et sept quarantaines à quiconconque exerce des œuvres pies spirituelles ou temporelles, pour la conversion des pécheurs ou le soulagement des captifs. (Paul V, 6 août 1608.)
4. Sept ans et sept quarantaines à ceux qui accompagnent à l'église des religieux Trinitaire les captifs rachetés. (Paul V, 6 août 1608.)

5. Cinq ans et cinq quarantaines aux Frères et Sœurs qui accompagnent le saint viatique chez les mourants. (Paul V, 6 août 1608.)
6. Cent jours d'indulgence toutes les fois que les confrères accompagnent les défunts au cimetière. (Paul V, 6 août 1608.)
7. Cent jours d'indulgence toutes les fois que les Frères assistent aux messes et autres offices célébrés dans la chapelle de la confrérie, ou font quelque autre œuvre de charité ou de piété. (Paul V, 6 août 1608.)
8. Cent jours d'indulgence une fois le jour et trois cents jours le dimanche et toute l'octave de la Sainte-Trinité aux fidèles qui récitent tous les jours le *Trisagion* séraphique. Plénière une fois le mois aux conditions ordinaires. (Clément X, 3 janvier 1673.)

INDULGENCES DES STATIONS DE ROME

(Clément X, 3 juin 1673.)

1. *Le jour des Cendres et le quatrième dimanche de Carême*, quinze ans et quinze quarantaines.
2. *Dimanche des Rameaux*, vingt-cinq ans et vingt-cinq quarantaines.
3. *Vendredi et Samedi saints*, trente ans et trente quarantaines.

4. *Tous les autres jours du Carême,* dix ans et dix quarantaines.
5. *Tous les jours de l'octave de Pâques et le dimanche In Albis,* trente ans et trente quarantaines.
6. *La veille de la Pentecôte,* dix ans et dix quarantaines.
7. *Le dimanche de la Pentecôte et tous les jours de l'octave,* trente ans et trente quarantaines.
8. *Le 1er, le 2me et le 4me dimanche de l'Avent,* dix ans et dix quarantaines.
9. *Le 3me dimanche de l'Avent,* quinze ans et quinze quarantaines.
10. *La veille de Noël,* à la messe de minuit et à celle de l'aurore, quinze ans et quinze quarantaines.
11. *Les trois jours de fêtes qui suivent la Noël ;* les dimanches de l'*Epiphanie,* de la *Circoncision ;* les dimanches de la *Septuagésime,* de la *Sexagésime,* de la *Quinquagésime,* trente ans et trente quarantaines.
12. *Les jours de Quatre-Temps,* dix ans et dix quarantaines.
13. *Le jour de saint Marc et les trois jours des Rogations,* trente ans et trente quarantaines.

AUTEL PRIVILÉGIÉ

Les églises de l'Ordre de la T. S. Trinité jouissent de la faveur de l'Autel Privilégié quotidien pour les messes qui s'y célèbrent pour les religieux défunts. (Grégoire XVI, 15 février 1832 et Pie IX, 30 janvier 1872.)

La même faveur est accordée aux églises des confréries qui seront dans la suite affiliées à l'Ordre. (Grégoire XVI, 15 février 1832.)

En outre, tous les autels de toutes les églises soit de l'Ordre, soit de la Confrérie agrégée à l'Ordre, sont privilégiés le jour de la mort ou de la sépulture des religieuses ou des confrères, ou le jour où l'on apprendra la nouvelle de leur mort. (Grégoire XVI, 15 février 1832.)

De plus, en vertu d'un privilège accordé par le Pape Urbain VIII, à l'Ordre de la T. S. Trinité dans sa bulle *Redemptoris*, en date du 28 mars 1634, tous les fidèles, qu'ils portent ou non notre scapulaire, peuvent, en visitant les églises et chapelles de l'Ordre de la T. S. Trinité et des confréries qui lui appartiennent, gagner toutes les indulgences et participer à toutes les faveurs spirituelles accordées à tous les sanctuaires et couvents, de quelque Ordre que ce soit. Ce privilège inappréciable a été confirmé par le pape Benoît XIV dans sa bulle *Romanus Pontifex*, du 16 janvier 1744, et concédé une seconde fois dans toute son extension par Innocent XII dans la bulle *Salvatoris*, du 27 juin

1693. En vertu de cette concession, les Souverains Pontifes susnommés ont déclaré ne point accorder seulement les grâces, privilèges, et indulgences faciles à concéder, mais encore ceux qui s'accordent difficilement et qui méritent une mention spéciale, en sorte que l'Ordre de la T. S. Trinité n'en jouit pas seulement par participation ou communication, mais qu'ils lui appartiennent spécialement et principalement, comme si la concession avait été faite en premier lieu à l'Ordre des Trinitaires.

Les églises et chapelles de l'Ordre et des Confréries de la T. S. Trinité participent nommément aux grâces, privilèges et indulgences de tous les Ordres monastiques et réguliers, mendiants et non mendiants, de toutes les Congrégations de réguliers : Clercs réguliers soignant les malades, Chanoines de la Congrégation de Saint Jean de Latran, Saint Sauveur de Bologne, Saint Rufin de Valence, Sainte Croix de Coïmbre, Clercs Somasques, Pauvres de la Mère de Dieu, Ecoles Pies, Bénédictins du Mont Cassin et des autres monastères de Saint Benoit, de Saint Jérôme, Carmes déchaussés, Sainte-Marie de Guadeloupe, Compagnie de Jésus, Chartreux, Prémontrés, Cisterciens réformés, Servites, Olivétains, et autres familles et sociétés de Réguliers.

Toutes les indulgences susmentionnées sont applicables aux âmes du purgatoire.

BIBLIOTHÈQUE TRINITAIRE

Ouvrages du R. Père Calixte de la Providence
Religieux Trinitaire

Vie de saint Jean de Matha, *fondateur de l'Ordre de la T. Sainte-Trinité pour la Rédemption des Captifs.* — Deuxième édition, grand in-8° avec 20 gravures. Librairie Périsse ; franco : 7 fr. 50.

Vie de saint Félix de Valois, *du sang royal de France, fondateur, avec saint Jean de Matha, de l'Ordre de la T. Sainte-Trinité.* — Troisième édition, grand in-8°, avec 14 gravures et 4 plans. Librairie Casterman ; franco : 6 fr. 50.

Vie de saint Michel des Saints, *canonisé le 8 juin 1862.* — In-12. Librairie Casterman ; franco : 2 fr.

Vie de la Vénérable Anna-Maria Taïgi. *Vie intime, vertus héroïques, dons surnaturels, prédictions, miracles, d'après le procès de béatification.* — Cinquième édition, in-8°, avec 3 gravures. Librairie Casterman ; franco : 5 fr. 50.

Vie de la Vénérable Anna-Maria Taïgi. — Troisième édition, in-12. Librairie Victor Sarlit ; franco : 2 fr.

Vie abrégée de la Vénérable Anna-Maria Taïgi, *destinée aux jeunes personnes.* — Librairie Sarlit ; franco : 0 fr. 60.

Le Livre des malades. *Vie du Vénérable Thomas de la Vierge, religieux Trinitaire.* — 1 vol. in-12. Librairie Périsse ; franco : 2 fr.

Les Fleurs du désert. *Vies admirables de trois négresses.*— Deuxième édition, in-12. Librairie Bray ; franco : 1 fr.

Les Fleurs du désert. — Troisième édition, considérablement augmentée. Librairie Périsse ; franco : 2 fr.

Corsaires et Rédempteurs. — Librairie Desclée de Brower et Cⁱᵉ, à Lille. 1 vol. in-12 ; franco : 2 fr.

Vie abrégée de saint Jean de Matha. — In-12 de 80 pages. Librairie Périsse; franco : 0 fr. 40.

TABLE DES MATIÈRES

	Pages
Déclaration........	IV
Approbation de Monseigneur de Marseille.	V
Lettre de M. l'abbé Rain aux religieuses Trinitaires...........................	VII

Chapitre I. *Premières Années.*

I. L'Ordre de la Sainte-Trinité. — II. Premières années de M. Margalhan. — III. Sa jeunesse. — IV. Le Séminaire............. 1

Chapitre II. *Le Ministère paroissial.*

I. M. l'abbé Margalhan dans l'exercice du ministère paroissial de Cassis. — II. Mazargues. — III. Sainte-Marthe. Son laborieux ministère.................................. 25

Chapitre III. *Fondation des Religieuses Trinitaires.*

I. M. Margalhan et les Religieux Trinitaires. — II. Fondation de la Communauté de Sainte-Marthe. — III. Ses commencements. — IV. Madame la duchesse de Sabran............ 53

Chapitre IV. *Projets de restauration de l'Ordre Trinitaire.*

I. Le Père Olivieri. — II. M. l'abbé Vincent. — III. Le zouave André Burel. — IV. Saint-Barthélemy. — V. Les Trinitaires à Faucon. 97

TABLE DES MATIÈRES

Chapitre V. *Vertus de M. Margalhan.*

I. Sa sainteté. — II. Son humilité. — III. Sa pauvreté. — IV. Sa mortification. — V. Sa foi et sa piété. — VI. Ses dévotions. — VII. Son amour de l'Eglise. — VIII. Sa charité pour le prochain 129

Chapitre VI. *Les Fondatrices.*

I. Sœur Catherine du B. Jean-Baptiste de la Conception. — II. Sœur M. de la Purification. — Sœur M. de l'Incarnation. — Sœur M. de l'Immaculée-Conception. — III. Sœur M. de la T. Sainte-Trinité. — IV. Sœur M. Adélaïde de la Croix. — V. Sœur M. du Sacré-Cœur. — Sœur M. de Saint Michel Archange. — VI. Sœur M. de Sainte Delphine 179

Chapitre VII. *Dernières Années.*

I. Accroissement de la Communauté. — II. Epreuves. — III. Sainte mort. — IV. Obsèques 211

Indulgences Trinitaires 237

Bibliothèque Trinitaire 247

Marseille. — Imprimerie Marseillaise, rue Sainte 39.

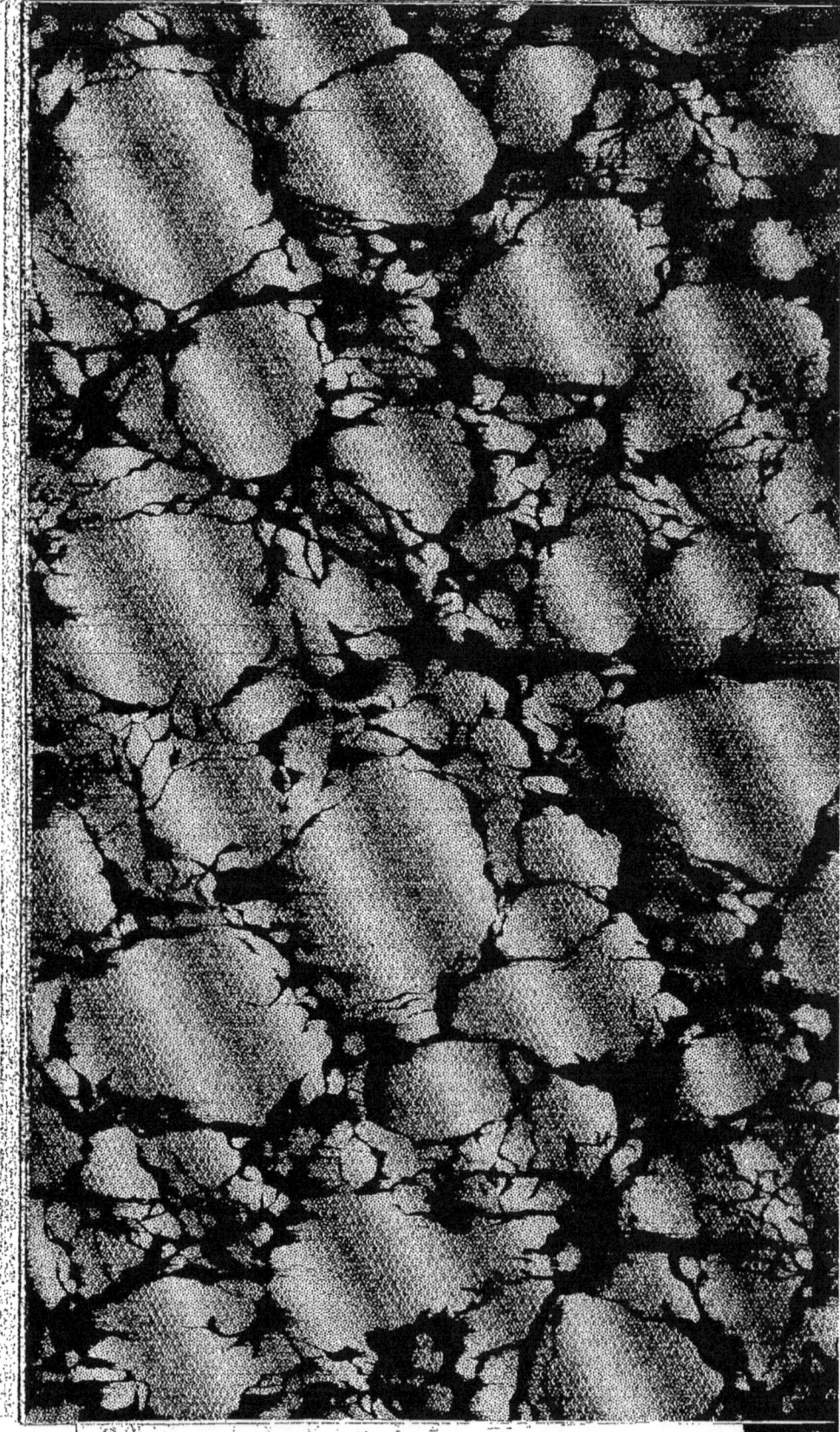

www.ingramcontent.com/pod-product-compliance
Lightning Source LLC
Chambersburg PA
CBHW070546160426
43199CB00014B/2387